友好交流を求めて

大和塾を探す旅

歴史に埋もれた人々の足跡をたどる

〈改訂版〉

全　円子
CHUN Wonja

ふくろう出版

朝鮮民主主義人民共和国・大韓民国地図

（全円子作成）

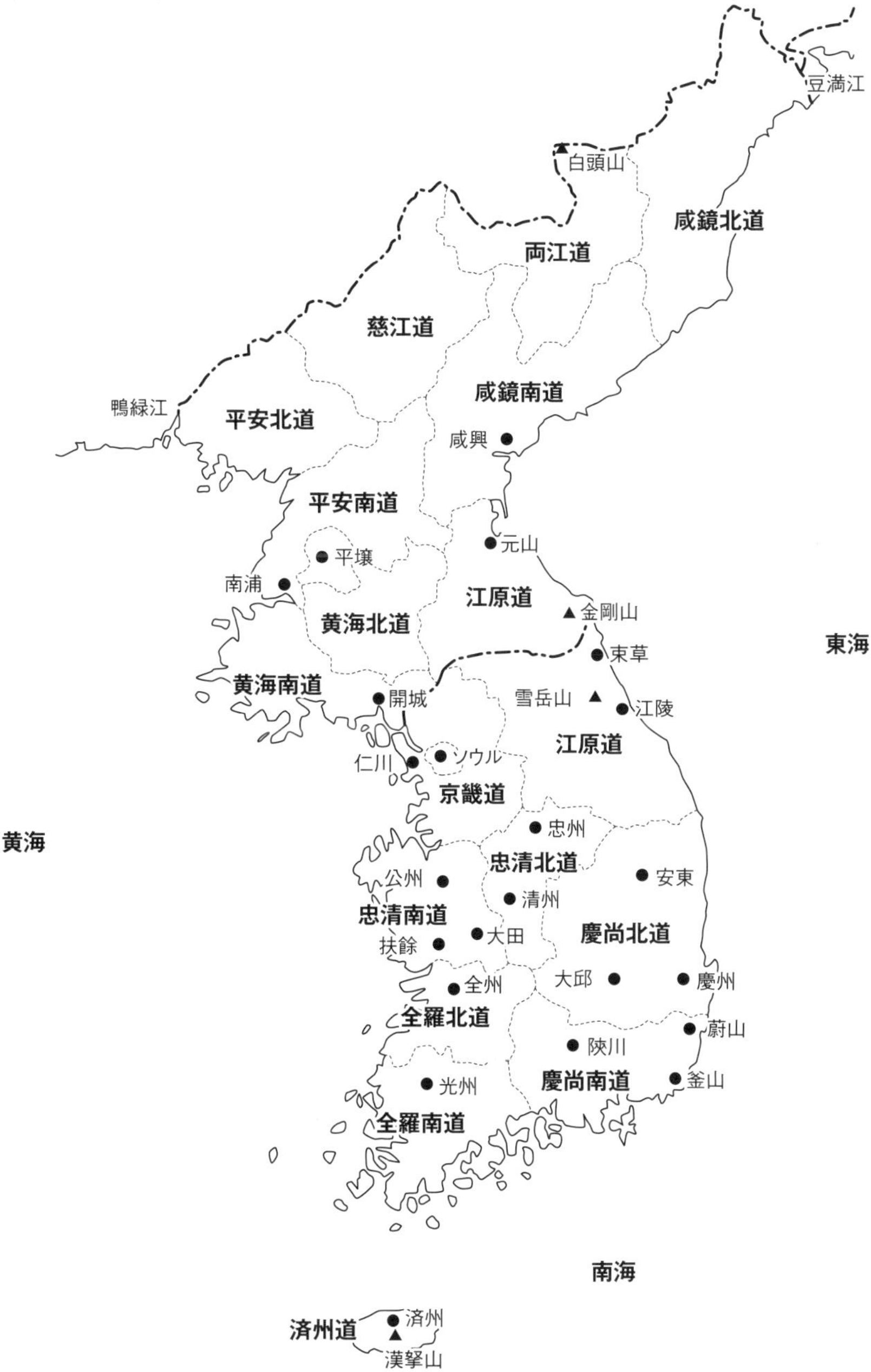

はじめに

明治の日本と朝鮮の文化交流に少なからず貢献したのが、樋口一葉の師として知られる半井桃水である。対馬に生まれ、少年時代にプサンへ渡航して朝鮮語を習得した桃水は、一八八一年から六年間新聞社の特派員として同地に駐在した。そして、日本が朝鮮と円滑に通商を行うためには、韓（から）の人々の人情を知ることが必要であると考え、庶民の生活を題材にした古典文学の『春香伝（チュンヒャンジョン）』を日本語に訳するとともに、自ら『朝鮮小説―胡砂（こさ）吹く風』を手掛け、新聞に連載したのだ。その行間や挿絵からは、韓の国の人々の生活が生き生きと伝わり、今読んでも新鮮な感動を覚える。桃水の純朴に隣国の人の心を知りたいという好奇心を、私は大切なものと思う。

私は、勤務していた高校で社会部の顧問として、毎年夏季休暇中に部員たちと韓国を訪ねていた。社会部には日本人と在日韓国人の生徒が在籍し、朝鮮半島の伝統音楽を演奏したり、昔話を読んだりという気ままな活動をしていたが、実際の韓国を見てみたいという部員の一言から韓国旅行が実現した。一九九四年の最初の旅行から、韓国・日本・在日の生徒たちの交流を中心に、次第に楽しいものになっていった。一方では、日韓近代史に埋もれている人を掘り起こして、その人たちの足跡を調べるという活動を行い、生徒たちと一緒にそのような人々に出会える喜びを感じた。

そうした中で、戦時中日本に強制連行されたあと岡山県で死亡し、引き取り手がない朝鮮人殉難者の遺骨を、一九六〇年以来管理・供養、そして返還されていた大隅実山師（当時岡山市高島在住）との出会いが一九九八年にあった。一九四一年に京城（現ソウル）にあった「大和塾」に入った経験を大隅師は語ってくれた。「大和塾」に入塾した三十人の中で唯一の日本人僧侶であった大隅師は、禅の組み方やお経の読み方などを、他の塾生（全て朝鮮人）に強制するように、主宰者に命じられた。そのことを大変残念に思っていた。一時でも、加害者の立場になったことに対する後悔の念が、その後の遺骨供養につながったのである。

大隅師に「大和塾」の跡地を探してきてほしいと言われた。その際、大隅師は当時「大和塾」のあった場所の地図を描いてくれた。「大和塾」は第二次世界大戦のさなか、日本の統治下の朝鮮に創設された。独立運動家・共産主義者・民主主義者のうち転向しない者を保護観察処分として収容、思想転向を強制した機関として知られていた。しかし、「大和塾」は日本側にその資料が乏しく、朝鮮戦争があったため韓国側にも資料がほとんどないとされていた幻の機関であった。

このようにして、『大和塾をさがす旅』がはじまったのである。その旅の途中で、塾生探しも行った。大隅師と関わった人の中には、「朝鮮近代文学の父」李光洙もいた。在日韓国人として生まれた著者は、それまでは日本社会で通称名を使い、日本人でも韓国人でもない不安定な状態であったが、足跡をたどる旅を通して両国で生きる素晴らしさを見出せた。韓流ブームは、両国が近しい関係になる第一歩として喜ばしいことである。しかし、それだけにとどまらず、韓流文化が押し寄せる現代であるからこそ、過去の歴史の中で友好関係を築いてきた人々に思いを巡らせることが、今後の交流において、大切なのではないか。歴史の中に、未来を生きていく手立てがあると思う。読者の皆さんには、この歴史の旅を通して、友好関係を築いた人々と出会い「自分らしく生きる」指針を見出してもらいたい。

全　円子

目次

第一章　仏教伝来と渡来人　秦河勝

一　百済(ペクチェ)の始まり

日本と朝鮮半島は、古代から密接な関係をもち現代へと続いている。その長い交流の中で、百済とは最も親密な友好関係を結んでいた。当時、先進国であった百済からヤマト政権は多くを学び、さらに学者や技術者を迎え入れている。まさしくこれらが、渡来人と呼ばれる人たちである。

百済の歴史の始まりは、朝鮮史でいう高句麗(コグリョ)・新羅(シルラ)・百済の三国時代である。紀元前一八年に十済(シップジェ)という小国が漢江(ハンガン)の上流に誕生した。これが、百済の国の母体である。百済を建国した始祖温祚(オンジョ)は、高句麗の始祖朱蒙(チュモン)の子であるという建国神話がある。朱蒙は北方の騎馬民族であり、その末裔である温祚が肥沃な土地を求めて南へ下っていった。そこで、百済を建国したのである。

この都は、ソウル市の近郊漢江(ハンガン)の南、河南慰礼城(ハナムウィレソン)で始まったといわれている。百済の建国神話は諸説あるが「わが国の号を十済と定む。われわれが卒本扶餘(ジョルボンプヨ)を出てから二年、十臣たちが日夜国造りに励んでくれたお陰である。よって十臣の功績を国の号にあらわして十済とする」とあり、国名の由来や温祚が国造に生地を離れて二年余りを費やしたことがわかる。(1) 元々は、朱豪の末裔が百済の国を造ったとされ、百済は高句麗の弟国のような関係であった。そのため、初期の頃は百済と高句麗の戦いは少なかった。しかし、高句麗・新羅・百済の三国は次第に戦を繰り返すことになる。三七一年、百済は十三代近肖古王(クンチョゴワン)のとき、三万の兵を率いて敵の王都・平壌城を攻めて領地を広げていった。近肖古王の時代に、百済の領土が最も大きくなった。

五世紀頃、「論語」と「千字文」を持って王仁（ワンイン）博士が来日した。諸説あるが、この王仁博士は百済からの渡来人といわれている。『日本書紀』によれば、倭が百済に使いを派遣して文人を求めたのに対して、百済王はこの王仁博士を遣わしたとされている。そして、「論語」十巻や「千字文」一巻をもたらし文字を伝えたとある。この「千字文」は、中国の六朝の梁の周興嗣（チョウシンス）が武帝（ウーディ）の命によって選んだ韻文で、一巻・四字一句・二百五十句・千字からなる。最初は、「天」「知」「玄」「黄」から始まり、「焉」「哉」「乎」「也」で終わる。近代まで、この「千字文」を手習い本として、朝鮮では書堂において、日本では寺子屋で使用し文字を教えた。[2]これと共に「論語」を伝えたのが王仁博士で、日本に漢字を伝えたのである。この頃から、日本と朝鮮半島の交流が盛んになった。

四七五年、高句麗朝の勢力に押されて百済はさらに南下し、都を熊津（ウンジン）現在の公州（コンジュ）市に移す。最初のソウル近郊から公州に遷都したのだ。この頃から、日本と百済の関係は、さらに深まっていくのである。

二　仏教伝来

『日本書紀』によると、仏教が日本に伝来したのは五五二年と記されている。

五一三年に第二十五代武寧王（ムリョンワン）は五経博士、つまり「詩経」「書経」「礼記」「易経」「春秋」を教学する学官段楊爾（タンヤンイ）を日本に送り、儒教を伝える。要するに、武寧王は日本に儒教を伝えたとされる。一九七一年公州市の宋山里（ソンサンリ）で、五二三年に薨去した武寧王の王陵が発見された【写真1】。金製の装飾品など、百済文化を伝える多くの副葬品が見つかった。現在、国宝に指定された遺品などは、国立公州博物館で展示されている。

さらに、武寧王の子で第二十六代聖王（ソンワン）(3)は、その後の五三八年（五五二年説『日本書紀』）に釈迦仏の金銅像と経論などを献上し、日本に仏教を伝える。武寧王と聖王の時代に、日本は儒教・仏教を受け入れたのである。同年に聖王は、王都を泗沘（サビ）現在の扶餘（プヨ）郡に移す。扶餘は、百済の伝統と歴史が漂う都であるが、高句麗や新羅との戦いの攻撃に備えて、白馬江（ペンマガン）や扶蘇山（プソサン）の地形が利用できたのである。白馬江のふもとにある百済橋の側に、一九七二年「仏教伝来謝恩碑」が日本人仏教徒や李方子（イパンジャ）(4)らによって建てられる。その碑は、この地から仏教が日本に伝わったことを、後世に伝えるための石碑であった【写真2】。

何故、百済の聖王が仏教を伝えたのか、様々な理由がある。その頃、新羅との戦に備えて、ヤマト政権に軍事援助を

（右）写真１．韓国の公州市宋山里古墳群・武寧王王陵　（撮影著者）
（左）写真２．韓国の扶餘郡にある百済橋付近の「仏教伝来謝恩碑」（撮影著者）

求める狙いが、百済にはあったともいわれている。『日本書紀』などによると、五五四年百済は日本に援助軍を送るように懇請している。これに対して、ヤマト政権は兵を千人、さらに馬を百頭と船を四十隻送ると答えた。また、五経博士をはじめ、僧侶・易博士・暦博士・医博士・採薬士・楽人などを、百済は日本に送っている。百済と新羅、高句麗の三国間での戦いが激化していくが、最終的に「白村江の戦い」で日本・百済軍は、唐・新羅軍に大敗を喫する。そして、統一新羅の時代がやってくる。

〔補〕武寧王は、韓国ドラマ『帝王の娘スベクヒャン』の王様である。

三　渡来人による寺院建築

前述のような背景によって、日本に仏教が入ってきた。どのようにして日本は仏教を受け入れたのだろうか。日本の寺院建築の原型を調査した日本人学者が、植民地時代にいた。一九一〇年から一九四五年まで、日本は朝鮮半島を植民地として統治したが、一九四二年から初めて朝鮮総督府博物館の指示により、韓国の扶餘郡にある定林寺(チョンニムサ)を発掘調査する。それにより、定林寺が日本の奈良県高市郡明日香村飛鳥にある飛鳥寺と同じ一塔式伽藍配置であり、規模もほぼ同じであることが判明した【写真3】。この一塔式伽藍配置が、その後日本の四天王寺式伽藍配置を生み出していくこ

写真3．韓国の扶餘郡定林寺址にある五層石塔（国宝第九号）（撮影著者）

とになる。

『日本書紀』によれば、大阪市天王寺区にある天王寺は、仏教派の蘇我馬子が、受け入れることに反対する物部守屋との戦いで、聖徳太子が仏教派の勝利を祈って天王寺建立を約束したとある。五八七年、仏教を推進する蘇我氏側が勝利し、この年四天王寺をなにわの荒陵に造るとの記録が残されている。この天王寺や飛鳥寺の建立過程におけるいきさつについては、坪井清足の『飛鳥寺』の記述に読み取ることができる。(5)

　この争いが、物部氏の敗戦によって仏教派の勝利に帰した翌年、すなわち崇峻天皇元年（五八八）に、本格的な僧寺の建立が計画され、これに必要な指導をあおぐために、はじめて百済国に僧侶や技術者の派遣が要請された。こうして百済から派遣された六名の僧侶をはじめとし、大工、塔の屋上にとりつける露盤つくり、瓦師などの指導によって本格的な工事がはじめられた。つまり法興寺（飛鳥の地につくられたため一般には飛鳥寺とよばれている）の建立である。この造営は蘇我馬子によって命ぜられ、帰化系の山東漢直(やまとあやのあたい)麻高垢鬼(まこくき)や意等加斯(おとかし)らが多数の部民を使役しておこなわれたことが、『日本書紀』と『元興寺縁起』にみえている。

五八八年には僧侶・寺工・瓦博士などを、百済は日本に送り込んでいる。奈良の飛鳥寺は蘇我馬子が建立した。飛鳥寺の本尊飛鳥大仏は重要文化財で、六〇五年推古天皇が聖徳太子や蘇我馬子、そして皇子たちと発願したものだ【写真4】。この仏像は日本最古で、六〇九年に渡来人三世の鞍作鳥(くらつくりのとり)（止利仏師）によって造られた。

このように日本古来の寺院建築技術の基礎は、百済の影響を多く受け、渡来人によって建設・運営されていた。当時、蘇我氏がヤマト政権にも劣らない勢力を維持して排仏派の物部氏に勝ったのは、多くの渡来人を抱えていたからである。このように、蘇我氏族も百済系渡来人だった。このように、当時日本と百済は、国の存亡をかけた密接な外交関係にあった。

写真４．奈良県高市郡明日香村飛鳥寺の本尊飛鳥大仏・釈迦如来坐像（重要文化財）（撮影著者）

四　秦河勝と弥勒菩薩半跏思惟像

秦河勝は、蘇我氏側について戦った新羅系渡来人である。秦氏は、五世紀のはじめ新羅から渡来し、山城の葛野郡を中心にして、近江や摂津までの広範囲に勢力を伸ばしていた。そして、その一族は鴨川から桂川にわたる平野を開拓し、養蚕や機織りの技術で財力を得ていた。秦造河勝の名前が登場するのは、聖徳太子の父である用明天皇の時代である[(6)]。

五八七年の丁未の役で蘇我氏側につき、秦河勝は参謀になって聖徳太子を守護した。聖徳太子の放った矢が物部守屋の胸に命中すると、進んで物部守屋の首を取ったと『上宮聖徳太子伝補闕記（じょうぐうしょうとくたいしでんほけつき）』に記されている。聖徳太子の近侍者として活躍した功により、官位十二階制定時には渡来人でありながら、大臣という位が与えられた。

それだけでなく、聖徳太子は大切にしていた仏像を秦河勝に譲り渡した。新羅王が聖徳太子に献上した仏像という説もある。その後の六〇三年、聖徳太子からもらい受けた仏像を安置するため、秦河勝は京都市右京区太秦に広隆寺を建立した[7]。秦氏の氏寺は、初めは蜂岡寺と名付けられたが、秦寺・太秦寺・葛野寺など名を変えて、現在は広隆寺と呼ばれている。安置された仏像は、日本の国宝第一号に指定されている弥勒菩薩半跏思惟像である。素材は朝鮮赤松の一木彫りで、朝鮮にもよく似た金銅弥勒菩薩半跏思惟像（韓国国宝八三号）が韓国国立博物館にある。

図１．京都市右京区　広隆寺の国宝弥勒菩薩半跏思惟像

仏像だけでなく、五世紀頃の日本の歴史や文化には、朝鮮半島からの渡来人が深く関わっていた。秦氏の他にも多くの渡来人が、養蚕や繊維などを主業として、農耕や醸造などの産業発展に寄与しながら、大陸や朝鮮半島の先進文明を日本に根付かせていったのである。

注

（1）金両基『物語　韓国史』中公新書　二〇一七年　七六頁

（2）王仁については諸説あり『古事記』で和邇吉師が伝えたとされる時期も「千字文」成立以前なので矛盾している。

（3）『日本書紀』では聖明王または明王とある。

（4）李方子は、朝鮮王朝最後の皇太子英親王李垠（イウン）の妃であった。日本の皇族梨本宮家守正の第一王女として、一九〇一年に方子は生まれる。朝鮮王族と日本の皇族との結婚は、政略結婚であった。二人の生活は日本が中心となった。戦後、一九四七年十月に李垠と方子は臣籍降下し、一般市民・平民としての生活が始まる。一九六三年に朴正熙大統領が周囲の反対を押し切り、二人の韓国帰国を実現させた。方子は、最後まで夫に忠実に従った。時代の波に翻弄された二人であるが、夫の死後方子は、ソウルで身体障害者のための慈行会を設立するなど、韓国での慈善事業に力を注ぐ。百済橋のたもとに建てられた仏教伝来謝恩碑も、方子の活動の一環で建てられたものだった。方子は、日韓親善に大きく貢献し、大きな役割を果たした。

（5）坪井清足『飛鳥寺』中央公論美術出版　二〇一五年　三五頁

（6）金達寿『日本古代史と朝鮮』講談社　二〇一九年　六四頁

（7）泰造が麻布・絹糸・絹織物を献上して朝廷に積み上げた。その献上品が、うずたかく積まれた状態だったところから「うずまさ」という姓が与えられた。京都市右京区太秦に名が残る。

第二章　沙也可と沈壽官（シムスグァン）

一　大内氏と朝鮮

六六三年、白村江の戦いで日本と百済軍は新羅軍に大敗を喫し、朝鮮半島は統一新羅の時代を迎える。その後、高麗（コリョ）の時代に移った。

モンゴル帝国の初代皇帝チンギス－ハンは、次々に周りの国々を侵略しながら、十三世紀前半には東ヨーロッパからイラン・中央アジア・中国にかけて、大帝国であるモンゴル帝国の基盤を築いた。チンギス－ハンの孫フビライ－ハンは、都を現在の北京市に移して国号を元とした。

この時代に、高麗は六度に及ぶ侵略を受けた。長期に渡って激しく抵抗を続けたが、一二五九年ついに高麗は元の圧力に屈して従属することになる。その後、高麗を足場として、元は二度の日本遠征を行う。これが、「元寇」（蒙古襲来）である。元寇には、徴発した高麗の軍勢もいた。元は、一二七四年と八一年の二度にわたり日本を総攻撃するが、九州の御家人の活躍や天候、さらには高麗の三別抄（サンビョルチョ）の救援によって敗退していく。この三別抄という組織は、高麗国内の治安維持のために構成された三つの軍隊である。高麗国は三別抄を解散させたが、彼らは独自で軍隊を作り元に抵抗を続けた。しかし、一二七三年済州島（チェジュド）の済州城が陥落し、三別抄はついに鎮圧される。最後まで三別抄が抵抗することで、客観的には日本を救援したことになる。

一二七四年ついに元が日本へ出兵する。いわゆる「文永の役」である。さらに、一二八一年再び元は侵攻する。これが「弘安の役」である。度重なる元の侵攻によって、鎌倉幕府の執権北条時宗は、蒙古襲来による心労のためか、この後逝去している。

十四世紀中頃には、「倭寇」という日本人を中心とする海賊集団が武装する。倭寇の船団を組む勢いが海上交通を支配し、朝鮮半島や中国大陸沿岸でも海賊行為を行った。主な倭寇の本拠地は、対馬・壱岐・松浦の北部九州地方であった。その集団の規模は少ない数隻のものから、数百隻にも及ぶ組織化されたものもで、倭寇の侵略に悩まされた高麗や明は、武力でこれに対抗する。それに加えて、使節を日本に送り、幕府に対して鎮圧を求めた。その結果、勘合や通信符を用いて、倭寇対策をとることとなり、日本と明、そして高麗の間で管理された交易交渉が始まっていく。その後、様々な使節団が頻繁に往来して、盛んな文化交流も行われるようになる。勘合符貿易の結果、倭寇は徐々に鎮圧され、十六世紀頃になると、いわゆる「倭寇」は大部分を中国人の密貿易者が占めていくようになる。

大内氏は、百済の聖王の子である琳聖太子（イムソン）の子孫とされ、室町時代に山口県を本拠地として中国地方で勢力を伸ばした【写真1】。一四五三年、大内教弘は朝鮮に渡り、朝鮮王朝第六代王端宗（タンジョン）から、倭寇対策のための通信符を与えられ

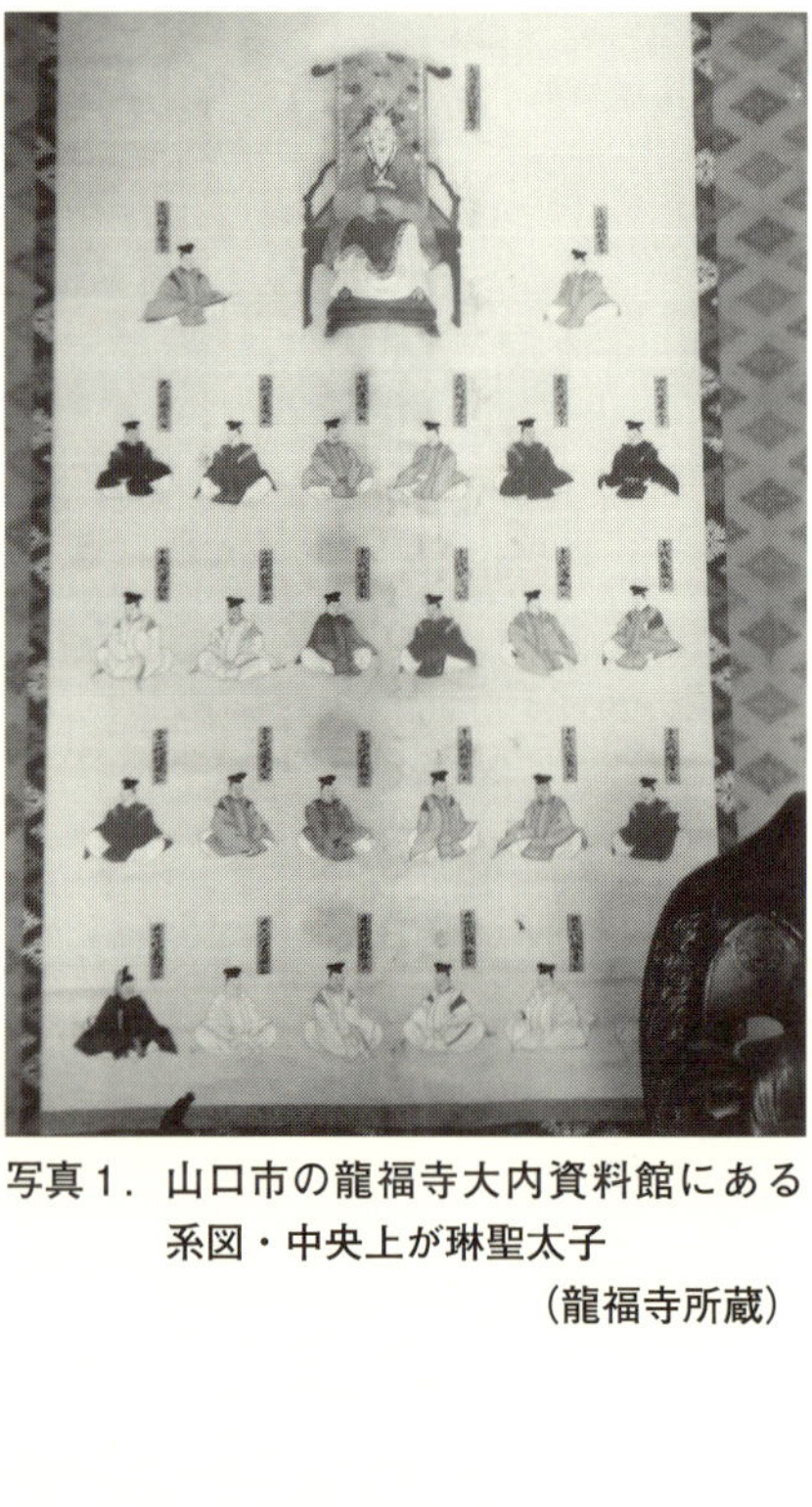

写真１．山口市の龍福寺大内資料館にある系図・中央上が琳聖太子
（龍福寺所蔵）

た。遣使した際、百済王の末裔ということで、朝鮮の土地を要求したところ、通信符を与えられたのである。

その後、大内氏は朝鮮との貿易で富を築き、室町時代の日朝交流に力を尽くした。西の京と呼ばれる都市を山口に築いて栄華を極め、全盛期の頃の大内義隆は朝鮮に典籍などを求めて六回も遣使した。一五三八年には、仏教の経典「大蔵経」を求める。最終的に、その目的は果たせなかった。最期、家臣の陶晴賢の反乱で山口の大寧寺に追い詰められ、大内義隆は自害した。陶晴賢ものちに毛利元就に敗れ、これより毛利氏の勢力が拡大する。

大内氏は、室町・戦国時代の日朝交流に尽力し貢献したといえる。室町時代に、日本と朝鮮半島との交流が盛んになっていったが、その後日本は戦国・安土桃山時代と戦乱が激しくなっていく。そのような中で、豊臣秀吉が登場するのである。

二　壬辰倭乱（イムジンウェラン）―文禄の役―

天下統一を果たした豊臣秀吉は、朝鮮出兵を決める。そして、約二十万の軍勢を前線基地である九州に集める。朝鮮出兵の本拠地として、現在の佐賀県唐津市に名護屋城を築城した。総石垣による城の周りに各大名が陣屋を構え、ここに秀吉は巨大軍事基地を作ったのである[1]。

一五九二年四月、豊臣秀吉の渡海命令を受けて、出兵拠点である肥前名護屋城より、九州の大名小西行長・加藤清正らの軍勢が釜山（プサン）に上陸した。秀吉による最初の朝鮮侵略戦争が始まったのである。日本軍の侵攻の知らせは、すぐに首都漢城（ハンソン）（現在のソウル市）にいる朝鮮王朝第十四代王宣祖（ソンジョ）に届いた。倭寇を退治するために力をつけた李成桂将軍が建国して以来、朝鮮国は平和な時代を送っていた。そのため、軍隊の士気も低くて戦いに必要な装備も劣り、戦国武将が参戦する日本軍に対抗する力はなかったのである。

四月二十九日、各地から届く敗戦の知らせを受けた朝鮮国王と政府の要人たちは、北へ避難するしかなかった。小西軍は五月二日の夕刻、加藤軍は三日の早朝に漢城入りを果たした。黒田長政は七日、宇喜多秀家が八日に漢城入りした。釜山上陸以後わずか一か月、破竹の勢いで漢城入りする快進撃であった。出兵拠点の名護屋城から出発していった諸大名たちの軍は、一番隊の小西行長は平安道、二番隊の加藤清正は咸鏡道、三番隊の黒田長政は黄海道、四番隊の森吉成は江原道、五番隊の福島正則は忠清道、六番隊の小早川隆景は全羅道、七番隊の毛利輝元は慶尚道、八番隊の宇喜多秀家は京畿道などと担当が決まっていた。この十六万人を超える日本軍は、短期間で漢城まで侵攻していったのである。

五月十六日、高齢であった豊臣秀吉は、本拠地の名護屋城で首都漢城占領の知らせを受け狂喜した。そして、中国の明征服という野望を抱き、自らも出陣すると意欲をみせた。しかし、七月に入ると釜山から漢城に至る補給線が、朝鮮の義兵の活躍で寸断された。首都を占領したものの、朝鮮の義兵や李舜臣の活躍、さらに明国軍の救援などで、日本軍は大打撃をうける。

朝鮮の英雄李舜臣は、一五四五年に首都漢城で貧しい貴族である両班の三男として生まれる。幼い頃から軍事に関心があり、科挙の試験では敢えて武科を受けた。豊臣秀吉が朝鮮半島に侵攻してきたときは、水軍の左水使として猛訓練を実施していた。李舜臣は、日本の侵略を予見していたのである。その海戦に備えて新型の軍艦である「亀甲船」を開発し、日本の水軍を大敗させたことで、大きな功績が認められている。

三　丁酉再乱（チョンユチェラン）―慶長の役―

李舜臣の活躍や隣国軍の救援により泥沼化した戦争を、講和条約を結ぶことで終結させようと、小西行長らは動いた。一五九六年、ついに大阪城に明国冊封使派遣が実現する。

しかし、講和条件をめぐり交渉は決裂した。講和内容は、第一は明の王女を日本の后妃とする、第二は勘合貿易を復活する、第三は朝鮮には都城を加え北の四道を返す等の七条件を、秀吉側が要求するものであったが、明側は受け入れなかった。朝鮮側は、もとより明と日本の不条理な講和には反対で、交渉は最終的に決裂した。日本の講和条件に対して、朝鮮半島南半分の割譲や朝鮮王子の出仕などの明からの回答も、秀吉は不服として交渉が決裂したのである。

再び豊臣秀吉は、一五九七年に総勢十四万二千人で、朝鮮出兵をする。これが丁酉再乱、つまり日本では慶長の役と言われる戦いである。両国は、一度は講和条約を結ぼうとしたが交渉は決裂、一五九七年に二回目の朝鮮侵略戦争を開始した。この戦争は激しさを増し泥沼化していく。制海権の動揺や兵糧不足などの戦況悪化の中で、多くの疲弊した日本兵士たちによる、朝鮮民衆に対する殺戮行為が激しさを増していった。

その一方で、朝鮮国では英雄李舜臣が一時左遷されていた。なぜなら、都を離れて北へ逃げた国王宣祖が、海上で無敗の李舜臣に嫉妬したのだ。ライバルの元均（ウォンギュン）も李舜臣の足を引っ張ったことが原因で、彼は左遷されたのである。戦争が泥沼化していく中で元均が命を落とし、国王宣祖に李舜臣の再起を強く進言する人物が現れる。当時の首相である柳成龍（ユソンニョン）が、最後まで選任しない朝鮮国王に対して、李舜臣の再任を強く主張した。その結果、再び李舜臣は水軍の司令官として起用されたのである。百三十隻を超す日本の水軍を、わずか十二隻の船を率いて、鳴梁(ミョンリャン)の戦いで襲撃の末に撃破したのだ。

彼が考案した「亀甲船」は、船の上部分へ亀の甲羅のように鉄板を張ったもので、そこに尖った鉄を立て敵の攻撃を防いだ、絶大な威力のある船だった。この水軍の活躍で制海権が朝鮮によって制覇され、陸上でもゲリラ戦が各地で繰り広げられていく。兵糧不足もあり、戦況が悪化していく中で日本軍の疲弊は早く、朝鮮民衆に対する殺戮・強奪も激しいものになっていった。豊臣秀吉の命令に従い、戦勝の証として、多くの朝鮮人の耳や鼻がそぎ取られ、日本に持ち帰られた。それらを納めた耳塚や鼻塚といった供養の遺跡が日本の各地に残されている【写真2】。

戦渦の中、秀吉の死により戦争が終わる。一五九八年八月に豊臣秀吉が病死した。七年に及ぶ侵略戦争は、ついに終わったのである。一五九八年十月、李舜臣は朝鮮から撤退するため、露梁(ロリャン)沖に集結していた五百隻の日本水軍を「生きて返すな」と最後まで攻撃した。この戦いで日本軍の流れ弾にあたり、李舜臣は戦死してしまう。最期に臨み「勝敗はまだ決まっていない、自分の死は秘密にして戦え」という言葉を残した。

この無名の戦争は、朝鮮国を荒廃させただけでなく、豊臣政権の衰退をも早めた。明国も、この慶長の役後に急速に崩壊の途を歩んだ。その意味でも文禄・慶長の役は、東アジア情勢を一変させる結果を招いた戦争といえる。また、日本軍による朝鮮国内での人的・物的強奪により、日本に導入した技術は日本国に多大な影響を与えた。にもかかわらず、朝鮮側の戦後の復興には、かなりの時間を要した。[2] その後、「朝鮮通信使」という交流が江戸時代に始まるが、日本人が朝鮮国に入ることが許されたのは、釜山の倭館までであっ

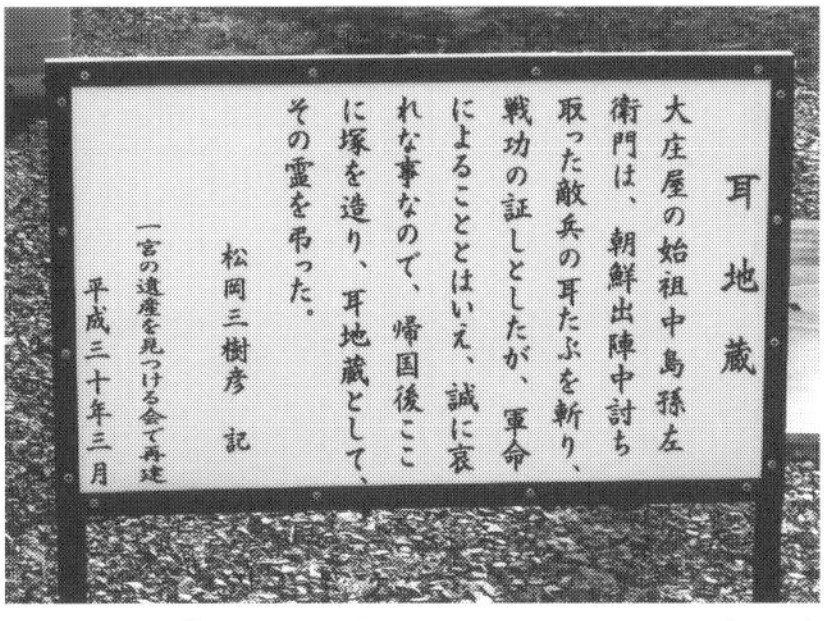

写真２．㊤京都市東山区にある耳塚　（撮影著者）
㊥備前市香登にある鼻塚跡と鼻塚　（撮影著者）
㊦津山市東一宮にある耳地蔵と一宮の遺産を見つける会による説明サイン　（撮影著者）

た。それは、朝鮮の日本に対する警戒心の表れである。

四　日本に連行された陶工たちと沙也可

文禄・慶長の役は「焼物戦争」とも呼ばれた。朝鮮人の捕虜の中で、陶工や裁縫のできる技術者がいれば差し出すよう、豊臣秀吉は命じていた。つまり、学者や技術者集団を連行するという、戦いとは別の任務があった。有田焼発展の基礎を築いた李参平も、この戦争で鍋島・佐賀藩に連れてこられた一人だ。李参平は、陶磁器を焼くための土を求めて探し歩き、有田町で焼き物に適した磁土を見つけたのである。他にも多くの陶工たちが日本に連行された。毛利の萩焼、細川の八代焼、黒田の高取焼など、連行された朝鮮陶工が多くの名窯を開いた。薩摩焼で有名な沈壽官の祖先である沈当吉も、丁酉再乱（慶長の役）で南原の戦いの攻防の際に、島津義弘に連行された。

一五九八年、島津義弘が南原攻撃に参加していた時に「各種工芸に長ずるもの」八十名を連れて帰った。そのうちの四十名が、鹿児島県串木野の島平浜に漂着する。その中に、陶工沈当吉がいたのである。その後、伊集院郷苗代川に移り住み、薩摩焼を創造して沈壽官を継承し、その子孫が現在の十五代沈壽官へと続く。沈一族が住む鹿児島県の薩摩焼の郷美山（旧伊集院郷苗代川）は、朝鮮を彷彿とさせる村となっている。大勢の陶工が連行され住み続けた村は、故郷朝鮮と何ら変わりない街並みとなっているのである。故郷を忘れることができず、朝鮮の陶器に似たものを創りたいと生み出したのが薩摩焼である。いわば、薩摩藩は焼物の技術者を抱えることができたといえる。この後、連行された人の多くは祖国への帰国を許されたが、薩摩藩としては勢力を強めるために、沈一族を手放すことはできなかった。そして、沈一族は十五代に亘り、現在に至るまで技術者として薩摩焼を造り続けている【写真3】。この戦争で、朝鮮から連行され在日として生きた朝鮮陶工たちが、薩摩焼・有田焼・唐津焼など多くの名窯を開いたのだ。美山では、今でも登り窯に火を入れる前には、裏山の朝鮮陶工たちのお墓に祈りを捧げて火を入れるそうだ。

一方、文禄・慶長の役で日本人が半島に渡って朝鮮に帰化した例もある。それが、沙也可・金忠善（キムチュンソン）である。一五九二年に、沙也可は加藤清正の配下として朝鮮へ渡ったが、そこで投降して朝鮮軍へ寝返ったのである。朝鮮軍に加わり日本軍を撃退した。その功で、朝鮮国の英雄となる。彼については、諸説ある。

朝鮮側の記録では、鉄砲の技術を朝鮮に伝えたとあり、沙也可はおそらく豊臣秀吉に弾圧された鉄砲に詳しい、雑賀衆の出身ではないかと考えられる。つまり、雑賀衆がなまり「サヤカ」になったのではないかと思われる。戦国時代に紀州の雑賀に住む人々は、雑賀衆と呼ばれ鉄砲の名手といわれていた。種子島に伝来した鉄砲を、実戦で威力を発揮する新

写真３．㊤鹿児島県日置市東市来町美山「沈壽官窯」登り窯　（撮影著者）
㊦現在も第十五代沈壽官が薩摩焼を造り続けている工房　（撮影著者）

兵器に仕上げた技術を持つ集団であった。しかし、豊臣秀吉の支配を拒んだため、一五八五年秀吉軍によって滅ぼされてしまう。その後、九州に落ち延びた雑賀衆のなかで、加藤清正の先鋒武将となって、沙也可は朝鮮に出兵する。そして、豊臣秀吉の横暴な権力に抵抗して、朝鮮側に寝返ったというのが雑賀説だ。著者は、この説が有力ではないかと考える。

鉄砲の技術を教えて朝鮮軍の戦力を高めただけでなく、沙也可は日本軍との慶州における戦闘で功績をあげる。その結果、一五九三年に朝鮮国王宣祖から金忠善という朝鮮名を贈られる。さらに、両班という貴族階級の身分も与えられる。三十歳の時に地方官の娘と結婚し、一六一四年より朝鮮の友鹿洞（ウロクドン）に代々住み着き、現在まで十四代続いている。その沙也可の家訓は、地道に生きるという禁欲的なものが主で、初代の日本人的な一面をよく表している。しかし、一族には名誉ある地位に就いた者もいた。時代とともに、沙也可の子孫が全国に広がるが、現在でも行事の時には一族が友鹿洞に集まっている。

大邱（テグ）市郊外にある友鹿洞は、鹿児島県の美山同様に、ふるさとと日本を想わせるような街並みである。沙也可と沈当吉は、お互いの境遇は逆ではあるが、故郷を想う気持ちは同じである。二人は時勢の流れに翻弄され、耐え難き恩愛の絆を捨て、自らの誇りのまま、新天地に我が人生を展開したのである。

注

（1）名護屋城と大名陣屋は朝鮮出兵後に取り壊された。現在、城跡や陣跡は国の特別史跡に指定されている。

（2）『佐賀県立名護屋城博物館総合案内』佐賀県立名護屋城博物館　二〇二一年　二五頁

第三章　海を渡った外交僧　松雲大師（ソンウンデサ）

一　室町時代の朝鮮通信使（チョソントンシンサ）

日本の南北朝争乱の時代は、高麗時代の末期にあたる。その当時、朝鮮では倭寇が跳梁跋扈していた。この鎮圧のため朝鮮国王が通信符を大内氏に渡し、そこから朝鮮との文化交流が盛んになった。倭寇は、朝鮮半島沿岸のみならず内陸にまで出没し、食糧・財貨の略奪や人さらいなどの海賊行為を繰り返していた。

高麗は、将軍の足利家や九州探題などに使者を度々送っては、倭寇の鎮圧を要請する。しかし、日本国内も混乱していた時代であったため鎮圧できなかった。一三六七年、高麗の使節が京都を訪れ、将軍足利義詮（よしあきら）らに倭寇の取り締まりを求めた。しかし、当時幕府の支配は黄海まで及んでおらず、倭寇禁圧は適わなかった。その結果、倭寇は同年九月、公州・扶餘など（旧百済の都）を襲い、全州（チョンジュ）を一時占領したのである。

その後も、各地で略奪を続けたため、高麗朝は李成桂将軍を派遣した。李成桂将軍は、倭寇を襲撃し名声を博した。そのことが、後に朝鮮国（李朝）を開く元となる。一三九二年、朝鮮王朝初代国王の李成桂は朝鮮国を建国した。これが、後の太祖（テジョ）である。

僧覚鎚（カクチェ）を日本に派遣して幕府に倭寇の鎮圧を太祖は要請する。これに対して、一四〇四年に三代将軍足利義満も国王源義満の名で、僧周棠を朝鮮に派遣した。この頃から、朝鮮国王との伉礼（こうれい）（対等の交流）が始まり、日朝間で使節の交流が続いて正式に国交が結ばれる。

倭寇鎮圧の対策として、室町幕府が将軍ではなく京都五山の学僧である絶海中津（ぜっかいちゅうしん）の名で、倭寇禁止と捕虜の送還を約束する答書を朝鮮に送った。このような日朝両国の媒として、外交的な役割を果たしていた僧侶たちを外交僧という。この時代、外交僧が両国の外交問題を解決する慣例があり、その後一六〇四年に朝鮮国の僧である松雲大師が外交僧として選ばれ、来日するのである。

朝鮮国は一四二八年、将軍足利義持の死と、六代将軍義教の襲名に際して、慶弔のため朴瑞生（パクスセン）を正使とする使節を送る。これが室町時代の「朝鮮通信使」の始まりである。この時代に朝鮮側から五回に亘る通信使が派遣され、日本からは六十回を超す使節団を朝鮮に送っている。朝鮮通信使という名称はこの時初めて使われ、さらに江戸時代の徳川幕府でも同じ呼び名で表わされた[1]。

この頃から、日本国内と朝鮮半島での取り締まりが厳しくなったため、明の海禁政策を犯して海上密貿易をする者が急増した。その後、中国浙江省や福建省に、密貿易の拠点をおく彼らが、倭寇と呼ばれるようになった[2]。文化及び経済の面での交流を日朝は深めていく。貿易が盛んになり、日本からは銀や銅を輸出し、朝鮮からは木綿などを輸入した。文化面では朝鮮国が儒教を国教と定めて仏教を冷遇したので、高麗大蔵経などや仏画が大量に日本に入ってくる。このことによって日本は、今まで手に入れることが出来なかった貴重な文化を享受することとなった。

二　江戸時代の日朝友好交流

日本と朝鮮との交流は、室町時代から近代までの約五百年間に亘る。日朝友好交流の証でもある朝鮮通信使は、一四二九年から一八一一年まで続いた。その期間に、一五九二年から九八年の豊臣秀吉の朝鮮出兵である文禄・慶長の役があった。文禄の役は一五九二年から九六年で、一度は和平交渉を結ぼうとして休戦するが、再び慶長の役が一五九七年から九八年まで続いた。最も悪い日朝関係といわれるこの朝鮮出兵は、決して忘れてはならない出来事である。その後、一六〇〇年に関ケ原の戦いに勝利し、江戸幕府を開いたのが徳川家康である。

徳川新政権は、諸大名との間に力の格差をつけるため、朝鮮国と国交を結んで東アジアでの孤立から抜け出し、国際的にも認められることを目指す。その上で徳川家康は、対馬の藩主である宗義智に和平交渉を命じた。一方、朝鮮国側では、国王に贈り物をしたお返しの俸禄を、宗家に何度も支給していた。高価な贈り物を宗家に贈り、朝鮮側では身内同然だと思っていたが、その宗家が文禄・慶長の役では、率先して日本軍の道案内を務めたのである。朝鮮側にとって宗家の裏切りによる不信感は、容易に払拭できるものではなかった。宗氏は何度も朝鮮に使者を送るが、相手にされなかった。宗家は常に両国の間で苦しい立場にあった。しかしながら、一六〇四年に朝鮮側はようやく修好に先駆けた敵情視察をするための探賊使を、日本に派遣することに決める。それが僧惟政（ユジョン）である。一六〇四年、僧惟政すなわち松雲大師（尊称）が訪日するのである。

松雲大師は徳川家康と二代将軍秀忠に京都で謁見する。文禄・慶長の役で、家康は前線である肥前名護屋城に出陣していたが朝鮮には渡海していなかった。戦争に加担していない家康は、朝鮮国と国交を結ぶことで、徳川新政権を国内外に認められることを願っていた。家康は、朝鮮との間に恨みはなく、和平を願うことを松雲大師に伝える。大師らは、日本へ連行された多くの捕虜を、陶工たちも含め一三九〇人連れて帰国の途に就いた。(3) 松雲大師は、探賊使として日本に訪問して徳川家康と会見し、日本が戦争する意志がないという言葉を導きだした僧侶であった。また、会談した家康は松雲大師の人となりに感服したといわれている。

三　朝鮮通信使のさきがけ松雲大師

惟政・松雲大師は一五四四年に密陽（ミリャン）市に生まれる【写真1】。松雲大師は、文禄・慶長の役で国を守るために仕方なく武器を持った義僧将として、豊臣秀吉の侵略と戦った。この際、蔚山（ウルサン）にある西生浦（ソンセンポ）の倭城で、加藤清正と四回も講和交渉を行ったのである。(4) 戦はよくない、血を流してはいけないと加藤清正の陣に自ら赴き、陣中交渉を行った。話し合いで、戦を終わらせよ

写真１．韓国の釜山市桐華寺（トンファサ）にある泗溟堂（サミョンダン）惟政真影　（桐華寺所蔵）

うと願い出たのである。また、日本と明との外交交渉の内容を探ったり、日本側の動きを細かく分析して、後の外交交渉に役立てた。この交渉のことを松雲大師は、『奮忠舒難録』に書き記している。

戦後、外交僧松雲大師は朝鮮国の代表として日本に渡る。慶長の役後の一六〇四年、日本の対馬に渡り、西山寺で三か月程滞在する。外交僧である景轍玄蘇と交流し、その後彼は京都まで同行する。十一月下旬に対馬を出発して、十二月二十七日京都に到着する。京都では本法寺が宿舎となった【写真2】。

徳川家康との会見を待つ間、家康の次男秀康をはじめ大勢の高僧に仏道を説いた。松雲大師のもとへ多くの僧侶や知識人が集まり、漢詩の唱和などを行った。本法寺の隣にある興聖寺には、松雲大師の肉筆墨跡が四点ある。仏教と漢詩に通じた松雲大師は、会見を待つ三か月の間、京都で日本との文化交流を積極的に行った。そのため、松雲大師の人となりが、多くの日本人に知れ渡った。なぜなら、滞在中に日本側の知識人とも漢詩の応酬も行い、友好交流を深めたからである。本法寺には、松雲大師に会うために行列ができたといわれている。このように松雲大師が、多くの人望を集めたことが、後の会談を平和交渉に導いたのである。

一六〇五年三月五日に伏見城に入り、徳川家康と戦後処理交渉に臨む。松雲大師は、戦争の不当性と捕虜の帰還を強く訴えた。『攷事撮要』によると、それに対して家康は「我は朝鮮出

写真２．京都市上京区にある本法寺「朝鮮通信使ゆかりの地」説明サイン　京都市の総合企画局国際化推進室は2008年京都と朝鮮通信使との歴史と関係を解説した駒札を「朝鮮通信使ゆかりの地」に設置　（撮影著者）

兵とは無関係朝鮮には何の恨みも無い和を通じる事を望んでいる」と述べている。文禄・慶長の役の際に一兵たりとも朝鮮に出兵させておらず、再侵略の意志はないことを明言した。徳川家康に対して、このような言葉を導き出し、覚悟を決めさせた意義は大きい。松雲大師は、徳川家康の平和外交を確認して国交回復に合意した。そして、一三九〇人の朝鮮人捕虜の帰国も実現したのである。

文禄・慶長の役により、日本には多くの技術が持ち込まれたが、戦争の行われた朝鮮国は甚大な打撃を受け、戦後の復興に長い年月を要した。両国の国交は結ばれないだろうと思われたが、松雲大師の努力によって、僅か九年という短い期間で国交が回復された。松雲大師は、一六〇七年から始まる江戸時代の長い朝鮮通信使派遣の礎を築いた人物である。

注

（1）小林慶二『韓国』高文研　二〇〇〇年　二〇二頁～二〇三頁
（2）『佐賀県立名護屋城博物館　展示案内』佐賀県立名護屋城博物館　二〇一一年　二一頁
（3）小林慶二『韓国』高文研　二〇〇〇年　二〇五頁～二〇六頁
（4）金文子「壬辰倭乱中の講話交渉と松雲大師の役割」『松雲大師と徳川時代の朝鮮通信使』論文集　二〇〇四年　八三頁

第四章　対馬藩と外交官　雨森芳洲

一　対馬藩宗家の外交

豊臣秀吉の朝鮮出兵によって、日本と朝鮮国との友好関係は崩れたが、それを修復するために力を尽くしたのは徳川家康と松雲大師であった。関ケ原の戦いに勝利し、天下を握った徳川家康は、対馬藩の藩主宗義智に和平交渉を命じたのである。

対馬藩は、藩主の宗家及び配下の家臣も、朝鮮との交易による利益を主な財源としていた。朝鮮国との貿易なしでは藩の存続が成り立たない対馬藩宗家は、文禄・慶長の役後の一五九九年、使節を朝鮮国に派遣して、修好回復の交渉を開始する。しかし、間諜扱いされ相手にされなかった。朝鮮貿易が途絶えていることは、対馬藩にとって大問題である。一方、朝鮮国は対馬が朝鮮にとって一番近い日本であり、身内同然として対馬藩宗家に、三具足など多くの贈り物をしていた【写真1】。にもかかわらず、文禄・慶長の役におい

写真1．長崎県対馬市厳原町にある万松院の「三具足」（撮影著者）

て対馬藩が日本側の道案内をしたため、朝鮮国は対馬藩を許さなかった。対馬藩は、信頼を回復するには時間を要したが、徳川家康が朝鮮との貿易や友好外交に力を入れ、松雲大師の来日によって、国交が回復するのである。

朝鮮に帰国した松雲大師は、朝鮮国王に会談の報告をした。その結果、朝鮮側から二つの条件が対馬藩宗家に示される。第一は、徳川側からの書簡の先着。つまり、日本側から先に謝罪の国書を送ることである。第二は、朝鮮出兵で王陵を荒らした犯人の縛送。王陵犯は、文禄・慶長の役のときに朝鮮王朝第九代王成宗(ソンジョン)の御陵を暴いた人物である。朝鮮側としては難問を日本側に突き付けた。朝鮮出兵していない徳川家康に謝罪文を書けとは言えない。また、王墓を荒らした犯人を捜して引き渡すのは、不可能なことである。

対馬藩宗家は、この問題で苦渋の選択を強いられたが、両国の善隣友好が最優先と考えた。徳川家康の国書は対馬藩宗家が自ら偽造し、「前代の非を改める」文を記した。また、対馬の罪人である二人の青年を、犯陵賊と偽り朝鮮国に送った。もし、国書偽造が発覚すれば、対馬藩の取り潰しどころか、関わった人は全員死罪である。それほどの危険を冒してまでも、両国の修好回復をして貿易を復活させたい、その一心で決断した。

犯陵賊の年齢が若いことから、朝鮮出兵した日本兵とは認め難いなど、朝鮮側は徳川幕府及び対馬藩の素早い対応に疑念を抱いていたが、日本からの平和外交に応じる。そして、二人の青年の無実の訴えを聞き入れず処刑した。(1) 対馬藩の謀に気づきながらも、日本と国交を回復することを最優先させたのである。そのことによって、捕虜を取り返すという実利を重んじたのだ。朝鮮国王は、二十万人も連行された捕虜の返還を切望した。また、中国では当時明が新興の清に押され不安定な情勢にあった[2]。要するに、朝鮮国としては、東アジア情勢の変化に対処するため、さらに日本軍との戦闘で荒廃した国土を立て直すためにも、日本との和平を結ぶことが必要であった。一方、徳川幕府は体制を固めるために、朝鮮から認知されることを望んでいたのである。ここに、両国は国交回復に合意した。

一六〇七年、江戸時代第一回目の朝鮮通信使が来日する。呂祐吉（ヨウギル）を正使とする朝鮮通信使の大使節団、四六七名が来日した。その名目は、回答兼刷還使だった。回答兼刷還使は、徳川幕府による国書の回答と、文禄・慶長の役で連行された朝鮮人の返還及び国情を探索することが任務であった。日本から先に朝鮮国王に出した国書の回答という「奉復」で、国書は日本側に返ってくる。国書が回答なので、復書の形式であった。復書のまま江戸に到着すると、対馬藩による国書偽造が徳川幕府に露見してしまう。またもや対馬藩は策を練り、朝鮮国王の国書を偽造しなければならなかった。具体的には、朝鮮国王の「前代の非を改めたいと日本が謝ってきた」という文を、「前代の非を改め昔のように交流を行う」と改めた。再び国書を「奉書」に偽造し、自らの先導によってこの使節を「通信使」（信を通じた使節）として江戸に向かわせる。早速、すり替えようとしたが、本物の国書は使節団一行の輿に乗せられ、朝鮮側の見張りの目も厳しく厳重に守られていたのである。最終的に、対馬藩が国書をすり替えたのは江戸城に着いてからで、儀式が行われる直前であった。対馬藩家老柳川智永（としなが）が、江戸城の一室に保管されている国書を、密かに侵入して偽の国書にすり替えたのだ。まさしく、その策は生きた心地のしない苦渋の選択であった。

儀式が江戸城大広間で始まり、朝鮮国王の国書伝達式も無事に行われた。徳川二代将軍秀忠は、この使節の正使・副使・従事官に対して、座敷奉行を通じて使節団遠来の労苦をねぎらう言葉を伝え、自らも接待した。互いに酒杯の献を酌み交わし、儀式は終わる。徳川幕府は、この使節を「朝鮮通信使」と認識して受け入れたが、朝鮮側は「回答兼刷還使」の立場であった。ともあれ、将軍秀忠も国書を朝鮮国に送り、日朝国交の第一歩が記された。再開された日朝貿易は、多くの利益を対馬藩にもたらしたのである。

二　修好回復の光と影

一六〇七年に四六七人の大使節団が来日する。名目は、「回答兼刷還使」で国書の回答、朝鮮人の返還と国情探索が目的である。国書の偽造が発覚しないように、対馬藩は再び国書を偽造し、「通信使」（信を通じた使節）として、江戸へ向かわせた。宗家を取りつぶすという改易を覚悟の上で、国書偽造を行った対馬藩であったが、それは三十年後、最終的に発覚することになる。一六三三年、柳川一件という事件が起こった。

一六三一年、対馬藩宗家により国書偽造・改ざんが行われていたことが、ついに漏洩した。その理由は、元来柳川調信（しげのぶ）は宗家の重臣・家老であったが、世代が変わり藩主宗家と対立関係になっていったからである。国書をすり替えた智永の子で調信の孫にあたる柳川調興（しげおき）が藩主の座を狙い、宗家による国書偽造・改ざんを密告した。御朱印を作り偽の国書を書いたと告げたのだ。そのため、宗家はお家断絶の窮地に立たされる。

徳川幕府は全てを明らかにして、宗家を失脚させるのではないかと、これは重大な事件となった。

一六三五年三月十一日江戸城本丸大広間において、徳川三代将軍家光の親裁で「お白洲裁き」が行われた[3]。幸い、宗義成の無罪と藩の重臣柳川調興の有罪が確定した。柳川調興は津軽に流罪となり、宗義成の腹心の外交僧規伯玄方(きはくげんぽう)が、国書を偽造した創案作成の罪で、南部藩に配流となる。柳川調興の対馬での家財は没収され、お家断絶同様となった。

この事件は、江戸初期の日朝交流史最大の汚点である。これ以後、お咎め無しの宗家が、単独で朝鮮外交を任されることとなった。宗家の改易がなされなかったことについて諸説あるが、幕藩体制の下で主君の告発は重罪とされた倫理概念が大きく影響したとも考えられる。つまり、家臣が藩主を密告することなどあってはならないという封建的身分制の概念が作用した。また、徳川家康以来の日朝関係を維持するため、宗家を咎めなかった。これまでの朝鮮外交を変える危うさを回避したのだ。引き続き、朝鮮との外交役を宗家に命じることで、今まで以上に精勤させるのが得策と徳川幕府は考えた。その後、将軍家光は朝鮮に馬上才の来日を対馬藩に求めさせる。朝鮮との外交役を命じた宗家の朝鮮外交に対する交渉能力を、試したのである。

さらに、徳川将軍の呼称も日本国大君と変え、外交文書を起草していた以酊庵(いていあん)（対馬の外交文書作成や通信使の応接・監視などをする外交機関）の外交僧には、京都五山の僧侶による輪番制を用いるなど、日朝外交の体制が改革された。朝鮮国との貿易なしでは成り立たない対馬藩宗家は、日朝両国が直接的な外交交渉にならないように媒としての役目を果たしつつも、「日本または朝鮮に何も隠密の儀」なく仕えることを誓う[4]。

このようにして、第一回目から第三回までは回答兼刷還使として、四回目から十二回目までは朝鮮通信使として合計十二回、約二百年に亘る朝鮮との善隣友好を維持することができた。将軍の代替わりを祝うため、一六〇七年から一八一一年まで十二回の通信使が来日し、江戸時代は友好関係が深まるのである。釜山（ブサン）から対馬・壱岐を経て、瀬戸内海に入り赤間関（下関）・鞆・牛窓・室津・兵庫などに寄港しながら大阪まで海路を進み、その後淀川から川船で京都に入り、京都からは陸路で江戸に向かう。そして、江戸幕府からの国書を携えて朝鮮に戻る半年余りの旅であった。この長い江戸時代の朝鮮通信使の交流は、問題点も孕んでいた。五百人にも及ぶ大使節団の接待は各藩に任されており、対馬藩も護衛として同行し、江戸に到着する頃には三千人に膨れ上がってくる。それが十二回行われたので、莫大な費用もかかっていた。一日に百万両を使うなど、諸手を挙げて歓迎するようなもてなし方をしていた藩もあったのである。

三　徳川時代の朝鮮通信使

江戸時代は、長崎県の出島でのみ外国人を受け入れる鎖国政策をとっていたため、朝鮮通信使を大歓迎した。その大使節団の行列は、対馬藩や沿道各藩の馬夫や人足などを合わせると三千人に及ぶ。一行の中には楽隊や、前述した馬上才といった人たちもいた。馬上才とは、馬を走らせながらその上で芸をしたり、弓矢をよける曲芸を披露する人たちである。この馬上才が初めて来日したのは、三代将軍家光の希望によってであった。この背景には、江戸幕府における朝鮮国の日本国に対する「交隣誠偽」の確認と、宗家の朝鮮外交能力を試す日論見があり、朝鮮国もそれを察知していて、最も優秀な馬上才二人と名馬を三頭選んで日本に送ったのだ。この後、朝鮮通信使には必ず馬上才が随行することになっていたが、文化八年最後の朝鮮通信使の時には廃止される。なぜなら、最後の朝鮮通信使は江戸まで行けず、対馬しか入国が許されなかったためである。馬上才は、江戸城での儀式後に城内の馬場で披露された。江戸城跡の周辺には、朝鮮通信使の足跡は残っていないものの、馬上才が披露された場所は馬場先と名付けられ、現在案内看板にその説明が示されている【写真2】。

朝鮮通信使は、国書を奉じる正使・副使・従事官と、通訳官・学士・写字官・書員・画員・医官・楽隊員等から構成された。その中には、儒学・医学・文芸・書画など、学問や芸術の先進国である朝鮮の優秀な選良たちがいる。大陸の文化や学問が通信使によって日本にもたらされたので、日本の儒学者たちは書画を求めた。また、漢詩の唱和も積極的に行う。その結果、ゆかりの地には優れた朝鮮使節による書画などが残された。彼らの文化水準は、非常に高度なものであった。

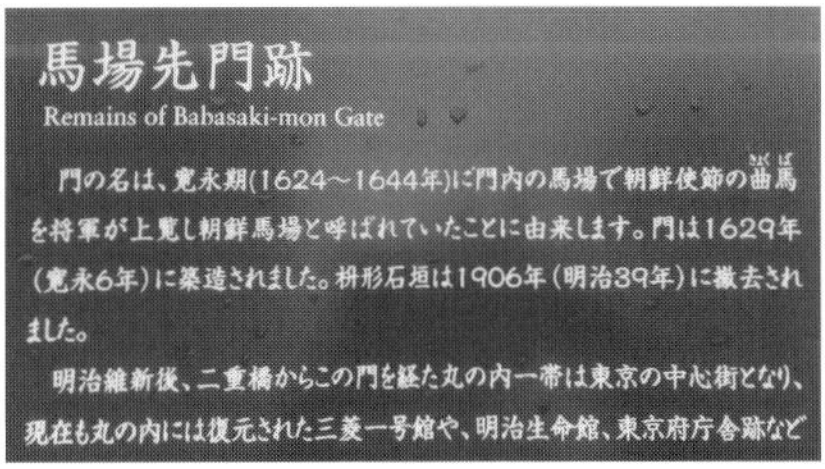

写真２．㊤江戸城馬場先門跡にある千代田区作成の説明サイン　（撮影著者）
㊦「馬上才図巻」（部分）（佐賀県立名護屋城博物館所蔵）

一方、通信使の往来によって、朝鮮通信使を題材とした人形や笛などの美術工芸品や絵馬・幕・絵画も多く残された。さらには、岡山県牛窓町の「唐子踊り」などの祭りに、朝鮮半島の文化の影響が及んで、異国との友好交流の足跡をうかがうことができる。

朝鮮通信使行列絵巻には、朝鮮通信使の一行によって舞踏や奏楽が行われ、その後ろに軍官数人が警護をしている様子が描かれている。この後に十人以上によって担がれた籠がついていく。卓上には漆塗りの箱があり、その中に朝鮮文字で書かれた国書が入っていた。常に誰かが見守り、大切に運ばれていたため、これをすり替えるのは至難の業であった。通信使を一目見よ

写真3.「朝鮮通信使行列絵巻」(部分) ㊤ (佐賀県立名護屋城博物館所蔵)
㊥㊦ (長崎県対馬歴史研究センター所蔵)

う と黒山のような人集りができ、行列が通り過ぎるのには五時間ほどかかる【写真3】。一行が通る道は清掃されて、美しい砂が敷かれていた。国威をかけて接待をしたのである。

当時の日本人にとって朝鮮通信使の往来は、外国人や異文化に触れる一大イベントであり、通信使を江戸時代の人は待ち望んでいた。通信使が訪れると庶民は見物に出かけ、饗応する役目の武士だけでなく、学僧や文人も通信使を訪れ漢詩の唱和を行ったり、書画を競って求めたりした。その結果、ゆかりの地に朝鮮通信使による書画などが残されたのである。それはとりもなおさず、彼らが積極的に異文化を吸収しようとしていた証とも言える。また、朝鮮通信使の一行も、瀬戸内海の美しさや、富士山の素晴らしさを描写している。このような記述が、朝鮮の紀行文『海游録』などにも記されており、感動した様子を綴っている。

以上のように、日本の各地に通信使による書跡や絵画が残され、韓国・朝鮮にも残された記録がある。それらが、二〇一七年ユネスコの『世界記憶遺産』に登録された。朝鮮通信使の行路は、釜山から大阪まで海路で、そこから日光までは陸路であった。海路の鞆の次が、岡山藩の潮待ち風待ち港町・牛窓である。

四　牛窓の「唐子踊り」

朝鮮通信使は、対馬の宗家一行と共に船で壱岐へ渡り、瀬戸内海を東へ進む。その際に、各地の港で使節に対する接待が行われた。その役目は、幕府が各地の藩に命じたものであった。一国に一カ所程度、接待場所が設けられている。西から、まず福岡藩・萩藩・広島藩・福山藩・岡山藩・姫路藩・尼崎藩と続いていた。岡山藩の接待場所の牛窓は、福山藩の鞆の浦と姫路藩の室津を結ぶ海上交通の要所であった。昔から良港で知られていたため、牛窓を中心に接待が行われていた。中世には、朝鮮にも牛窓の名が知られていた程である。その接待の内容の一つ目は、海上の案内と警護である。二つ目は、水と食料の提供で、船への水と食料を載せる仕事である。三つ目は、寄港して上陸し宿泊する際の、牛窓での饗宴や食事の接待である[5]。牛窓での饗宴が本格的に始まるのは、一六二四年の第三回目からで、一六五五年の第六回目までは宿舎の本蓮寺で行われている。朝鮮通信使に出会える喜びはあったものの、費用も莫大なものであった。水がないと藩の威信に関わるため、牛窓ではこの接待をするために井戸を掘ったほどである【写真4】。一六四三年から一七一一年までの朝鮮使節が遺した漢詩書軸九点が、本蓮寺にある。それらが、ユネスコの『世界記憶遺産』に登録された。

　十二回に及ぶ岡山藩の接待の中で、牛窓側も多くのものを吸収していった。「唐子踊り」もその中の一つと言われている。「唐子踊り」は、歴史と伝統の町牛窓町紺の浦に伝わる珍

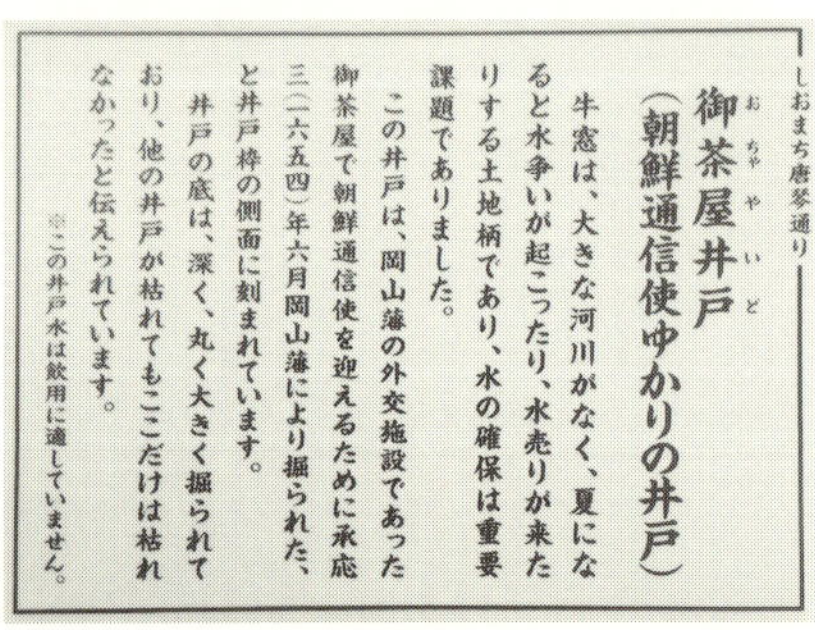

写真4．瀬戸内市牛窓町にある㊤「御茶屋井戸」㊦瀬戸内市作成の説明サイン（撮影著者）

しい踊りで、毎年十月の秋祭りに地元の疫神社で神事として奉納される稚児舞である。異国風の鮮やかな色彩の衣装を身に着けた二人の童子が、肩車に乗って参拝し、囃子方の小太鼓や横笛と、歌に合わせて踊るもので、衣装や飾り動作もほとんど類をみない独特なものである。踊り子は牛窓の紺の浦に住む六・七歳の男児二人が並んで、その子どもたちが十一・十二歳になるまで毎年踊る。十一・十二歳になる頃には交代する。その交代の年には前任者がまず前に立ち、紋付羽織袴の衣装で踊る。これを先踊りと呼ぶ。

「唐子踊り」の起源については諸説ある。踊り子の衣装や歌・踊りの動作などからは、朝鮮王朝時代の面影が見られる。江戸時代に朝鮮通信使が渡来して、江戸の往復の途中に牛窓に寄ったことから、その一行が伝えたのではないかといわれている。代々引き継がれる中で、踊りや歌も変化していったのではないかと思われる。最後の朝鮮通信使から二百年以上経った現在でも、通信使の記憶が大切に伝えられている証である。

この踊りは岡山県の重要無形民俗文化財に指定され、国によって記録作成などの措置を講ずるべき無形民俗文化財にも指定されている。踊りはわずか七・八分の短いものであるが、異国情緒豊かなものである。何よりも、この踊りを見て感動した牛窓の人々の、朝鮮通信使一行の踊りを後世に伝えたいという願いが込められている。「唐子踊り」は年々変化して形は変わっていったが、この踊りを大切に残そうという心は変わらず、現代に引き継がれている【写真5】。

写真５．牛窓町疫神社にて奉納される唐子踊（岡山県指定重要無形民俗文化財）（撮影著者）

五　雨森芳洲の実践した誠信外交

朝鮮通信使を迎えるにあたって、莫大な費用をかけた徳川幕府は、時には財政難で、この費用のかかる接待を見直そうという意見もあった。この時代に活躍したのが、雨森芳洲である。雨森芳洲は、一六六八年に滋賀県に生まれる。江戸時代中期に対馬藩に仕えた儒学者で、優れた外交官でもある。彼は、中国語や朝鮮語も堪能で、対馬藩に仕えて朝鮮外交に携わった。多くの著書を残しているが、とりわけ『交隣提醒』『交隣須知』（朝鮮語学習書）が有名である。

『交隣提醒』の中において、文禄・慶長の役で、豊臣秀吉が両国無数の人民を殺害したことを厳しく非難している。また、朝鮮国との外交については、「誠信の交わりということは、多くの人がいうことだが、その多くはよく意味を理解していない、誠信ということは誠の心ということで、互いに欺かず、争わず、真実を持って交わることを誠信というのである」と述べている。[6] このように、江戸時代中期において、誠実と信頼による真実の交わりこそが、外交の基本であると、彼はすでに書物で説いているのである。

一方、長い間朝鮮通信使を接待する中で、接待を簡素化して通信使を冷遇しようと考える人もいた。それが、雨森芳洲と同じ木下順庵門下の新井白石である。彼は、朝鮮通信使接待役に就任していた。一七一一年、通信使接待についての十項目の改革案を作る。その改革案の中で問題となったのは、将軍のことを朝鮮国書で「日本国大君殿下」、日本国書では「日本国源某」と呼んでいたのを、室町時代の朝鮮通信使が使っていた「日本国王」に復するということであった。この決定の一報が朝鮮通信使に届いたのは、すでに漢城の都を出て釜山に着き、日本に出発しようとしていた時であった。朝鮮通信使の一行は、漢城に戻ることは情勢を一層困難にすると判断し、「日本国大君殿下」を「日本国王」に書き換えてしまうのである。(7)

朝鮮通信使の一行には、日本国内に入るとさらに接遇の改革が待っていた。新井白石は幼い七代将軍を後見して政治を司っていた。新井白石の接遇の改革では、岡山藩でも食物等を倹約したという記録が残されている。このように、接遇の改革により、彼らを日本側が冷遇したのである。使節団一行は、その度ごとに朝鮮国の国威を損傷させないために、必死の抵抗をして、これに反抗した。雨森芳洲も幕府側に、中でも新井白石に対し議論を持ちかけるが、最終的に朝鮮側が折れることとなった。このときの通信使の正使・副使などの管理職の人々は、日本の威力に押され国を辱めた罪で、帰国後処罰されたのである。さらに言えば、新井白石の外交が、雨森芳洲のいう誠信外交であったならば、朝鮮国の国威を傷つけることはなかったであろう。

一七一九年、第八代将軍吉宗の襲名披露のために朝鮮通信使が来日した。新井白石はすでに職を辞していた。雨森芳洲が通信使を接待することになった。その後、雨森芳洲の善隣友好・誠信の交わりが実現していき、八代将軍吉宗の時代に、接待は安定したものとなる。

古代から日本と朝鮮半島は「近くて近い国」であって、長い密接な交流の関係がある。文禄・慶長の役という最悪な関係が一時はあったが、その後の江戸時代においては、雨森芳洲のいう善隣友好の時代となり、親密な交流を続けることができた。しかし、朝鮮通信使を迎えるにあたって、朝鮮聘令使（へいれいし）という朝貢使的な見方、つまり、貢物を持って来ることへの軽蔑や、朝鮮人に対する蔑視感情を持った人もいた。そのような中から、新井白石のように朝鮮通信使の接待を冷遇する時もあったのである。

　雨森芳洲は、通信使については「朝貢するにあらず、唯好み（信）を通じるのみ」として、朝貢使扱いする風潮を正し、外交については「誠信の交わり」（すなわち「誠実と信頼」による真実の交わり）が基本と説く。この時代にあって、彼の著書『交隣提醒』の中で、誠信の交わりの必要性を説いた。雨森芳洲は、相手国の言葉に通じて、その国との交流の歴史を正しく認識し、また相手を理解することの大切さを説いている【写真6】。

　雨森芳洲が述べた「誠信の交わり」は、現代の外交や文化交流の基本となる。相手に誠実に接し、お互いを信頼することこそが肝心なのだ。雨森芳洲の訓えは、これからの国際社会を生きていく上でも重要な理念となり得るものである。

写真6．長崎県対馬市厳原町日吉にある雨森芳洲先生の墓（撮影著者）

注

（1）仲尾宏『朝鮮通信使』岩波新書　二〇〇七年　二九頁

（2）明は新興の清の勢力に押されて崩壊しつつあった。明の滅亡は一六四四年である。
（3）仲尾宏『朝鮮通信使』岩波新書　二〇一七年　七一頁
（4）同前　七二頁
（5）倉地克直「岡山と朝鮮通信使」『松雲大師と徳川時代の朝鮮通信使』論文集　二〇〇四年　四八頁
（6）佐賀県教育委員会「誠信の交わり」佐賀県立名護屋城博物館　一九九七年　三六頁
（7）同前　三六頁

第五章　半井桃水（なからいとうすい）と朝鮮

一　江戸時代の朝鮮における日本領事館

雨森芳洲が活躍した対馬から、天気が良い日は釜山が見える。釜山は韓国第二の都市で、大きな港町である。龍頭山（ヨンドゥサン）公園と呼ばれている場所があるが、そこは李朝の末期、日本の幕府の出先「倭館」の中心地であった。倭館は、江戸時代に日本が海外に置いた公館であったと言われている。

日本と朝鮮の国交は、一六〇七年に修好回復し、江戸には朝鮮通信使が十二回も来日することになる。二年後の一六〇九年には貿易協定も結ばれている。そして、一六一八年に幕府の出先である最初の機関豆毛浦倭館（ドゥモポウェグァン）が、釜山の海岸沿いに作られた。その後、一六七八年に現在の龍頭山（ヨンドゥサン）公園に移転した。これが「草梁倭館（チョリャンウェグァン）」である。それは、敷地面積が長崎の出島の二十五倍ほどで、約十万坪を超える広大なものであった。館内には、現在の総領事館にあたる館主屋を始め、開市大庁（交易場）や裁判庁、応接所や宿泊所などが立ち並び、五百人程の日本人が住んでいたといわれる。また、小間物屋・仕立屋・酒屋・豆腐屋・畳屋まであり、日本の街が釜山に再現されていた。

鎖国状態の江戸時代、外国から日本へは、出島までしか入国できなかったが、朝鮮通信使は日光まで入ることができた。一方、日本が朝鮮に置いた公館は、釜山の倭館のみであった。草梁倭館に居留することを許された日本人は、全てが対馬藩からの派遣である。対馬は日朝両国の友好なしには成り立たない藩でもあった。苦渋の選択も度々迫られたが、両国間で貿易をすることによって、藩の存続を維持していたのである。その対馬藩からの役人が、釜山の倭館へと派遣されたのである。

しかし、文禄・慶長の役で対馬藩が日本軍を道案内したことで、信頼が失墜したため、漢城まで足を踏み入れることは許されなかった。江戸時代になり友好交流が始まっても、日本使節団の漢城上陸は禁止されていた。日本から倭館へは行くことはできたが、それ以上侵入することはできなかったのだ。対馬藩の景轍玄蘇の弟子である規伯玄方という外交僧が正使となって、日本国王の使者として一度上京したことがある。[1]その他の使節団は釜山の草梁倭館において朝鮮国王のいる漢城に向かって拝謁、お参りをした。その行為しか許されなかった。なぜなら、上京の道を閉ざすことで、日本人による国状の探索活動を阻止したからである。

以上のように、日本人が唯一足を踏み入れることができたのは、釜山の「草梁倭館」であった。現在も古館として、釜山の龍頭山公園に倭館の名残がある。このように江戸時代まで日朝の友好関係は続いていく。

二　明治維新以降の倭館

その後、少しずつ日朝両国の関係が、友好を損なわれる時代へと移っていく。一八一一年、朝鮮通信使は対馬にしか入国することができなくなった。それは、日本が鎖国状態から、国を開国する時代へと移っていったためである。これが明治維新である。最後の通信使が一八一一年、対馬まで派遣されたが、その時には馬上才もなかった。江戸時代に日本と朝鮮半島は、長い友好関係を続けることができた。しかし、一八六七年「大政奉還」となり、徳川十五代将軍慶喜は政治を天皇に返上することになった。

鹿児島の薩摩藩、山口の長州藩などが幕府を倒す活動を進める中、約二百六十年続いた政権を天皇に返上することを申し出たのは、徳川慶喜である。新しい政権を作って地位を確保するという狙いもあったが、大政奉還後に薩摩藩の西郷隆盛らは、天皇を中心とした新政府の成立を宣言した。反発した旧幕府側との内戦が起こった。これが戊辰戦争である。この徳川幕府第十五代将軍の大政奉還をうけ、翌一八六八年王政復古によって明治政府が発足した。これによって京都にいた明治天皇は、江戸城のあった現在の皇居に移ることになる。

日本は、徳川幕府の開国を引きついで、明治の維新政府を発足させ、新しい国を作っていく。しかし、朝鮮にとっては苦難の時代を迎えることになる。江戸時代末期、欧米の圧力で鎖国から開国された日本は、不平等条約を締結したことで、西欧列国より不利な立場になる。東アジアの情勢を見ると、植民地主義が世界を席巻し、中国では清朝がアヘン戦争で国力を弱め、朝鮮も開国を迫られる。そのような状況下で、日本もヨーロッパの圧力に対して、防衛を強める必要があった。

国内では、尊王攘夷の思想が叫ばれ、国粋主義者の考えが主流となっていく。天皇中心の国にしようと思想を抱き、山口の松下村塾を作った吉田松陰は、朝鮮は日本の属国であり、歴史的に皇国に服従する国であるという朝鮮観を持っていた。『古事記』『日本書紀』が、彼の思想の根底にある。その後、国学を学ぶことで彼の対外侵略は不必要となるが、時勢に流され、日本は軍事強国として東アジアで戦わなければ西欧列強の一員になれないと、朝鮮や中国に圧力をかけて、そこから失ったものを埋め合わせ、領土を増やしていけばよいと主張している（『幽囚録』）。吉田松陰の思想に心酔していた伊藤博文などの、明治新政府の政治家によって、その主張が実行されていく。一八六八年、明治維新政府は江戸時代の友好的な関係を破壊し、属国として朝鮮を遇するようになる。朝鮮に拒否されると、これに対して武力によって従わせようと、板垣退助・江藤新平・西郷隆盛らが征韓論を打ち立て主張していく。

征韓論の背景には、明治維新政府に国内で不満を募らせた民衆が一揆を起こしたことに対して、その不満が新政府に向かわないようにするため、朝鮮を侵略するという国権伸張の潮流をつくり出すならいがあった。日朝関係は、友好的な関係を築いてきた江戸時代から一変していくのである。そして、一八七二年「草梁倭館」は、対馬藩から外務省の管轄になるのである。

三　日本の朝鮮侵略

アメリカ・イギリス・フランスなどが、朝鮮を開国させようとした。その時の朝鮮王朝第二十六代王高宗（コジョン）の父大院君（テウォングン）が政治に強い影響力を持っており、外国からの勢力をはねのけ、その勢力を国内に入れなかった。朝鮮開国が実現できない欧米の国々は、日本に朝鮮への侵略をけしかけた。明治新政府は欧米列強に倣い、朝鮮近海に軍艦を派遣して挑発を試みる。

一八七五年九月、日本は軍艦雲揚号を故意に朝鮮の江華島（カンファド）に侵入させ、これに朝鮮側が侵入阻止の発砲を行った。それを機に日本は江華島の砲台を占領した。本来であれば、日本は釜山にしか入国が許されなかったはずである。これが、一八七五年の江華島事件である。警告の発砲を逆手にとって、攻撃を受けたという口実を設けて、翌一八七六年二月に無理矢理朝鮮に開国をさせた。そして、不平等な「日朝修好条規」を押し付けた。日本は、欧米の国々にされたことを朝鮮にも行った。日本はこの条約によって、朝鮮から大量の金や米を買いたたく。当時は、欧米との貿易には銀が必要だったため、その不足を朝鮮から得た金で補っていた。日本にはまだ産業革命が実現していなかったので、イギリスの綿製品や毛織物などを外国から輸入する。それらを、高く朝鮮に売りつけた。朝鮮の人々は苦しい状況に置かれたのである。

　朝鮮は、日本に次いでアメリカ・イギリス・ロシア・清・ドイツ・フランス・イタリアなどに対しても不平等条約を締結し、開国することになる。その結果、流入する外国商品のために、朝鮮の経済は破綻する。さらに、日本と清は朝鮮を市場として覇権を争っていく。

　一八八二年、物の値上がりに苦しむ民衆と、給料を払ってもらえない朝鮮兵が一揆を起こし、朝鮮の王宮や役所、そして日本公使館を襲った。これが壬午（イモ）軍乱である。朝鮮民衆は、日本だけでなく朝鮮の政治を司る朝廷への怒りもあり、農民や朝鮮兵が王宮を襲う。閔妃（ミンビ）と日本で呼ばれている明成（ミョンソン）皇后も、命を狙われ身を隠す生活となる。日本の公使館も標的となった。一八八四年、甲申事変で独立党が新政権を樹立する。しかし、清国が介入し三日で失敗する。翌年、「天津条約」を結ぶ。その後一八九四年一月には、全琫準（チョンボンジュン）を中心にして、朝鮮南部全体の民衆が闘った。甲午（カポ）農民戦争と言われている。この全琫準は緑豆（ノクト）将軍である。農民が立ち上がり、朝鮮政府は農民軍に対して外国侵略と戦うことを約束させられる。しかし、朝鮮政府は約束をする一方で、清に援軍を求めていた。この時代、朝鮮王朝内も勢力争いで揺らいでいた。そういう状況を見て日本は軍隊を朝鮮に送り、都を占領したのである。

期を同じくして、一八九四年七月から朝鮮の支配権を奪い合う日清戦争が始まる。日本の軍隊が朝鮮入りしたのに対して清の軍隊もいたが、軍の実権をにぎる袁世凱（ユエンシーカイ）は戦争の原因をつくっておきながら、形勢が不利となるや都を脱出し、満州で軍事物資の輸送にあたった。[2] 結果的に、日本が日清戦争に勝利するのである。戦争に勝った日本は朝鮮への侵略を強めていく。

朝鮮は、いよいよ苦難の時代に入った。朝鮮の民衆は諸外国によって搾取され、生活は困窮した。搾取される民衆の苦しみは、日本も同じであった。農民は、借金に追われ田畑を取り上げられて、娘を女工として製糸工場に働きに出さなければならなかった。また、都市の労働者も安い賃金で酷使された。日本の朝鮮への侵略の流れは、このようにして醸成されていったのである。富む者と富まざる者との格差は増々広がっていき、朝鮮や中国よりはましだという考えが民衆に吹き込まれていく。日清戦争の頃、日本国内では自由民権運動が盛んで、政府への批判が高まっていったため、政府は再び外に不満をぶつける征韓論を鼓舞して、朝鮮や中国を侵略すれば日本人の暮らしはよくなると、戦争へと進むように世論を操作していった。

戦争が起こると、それを仕事とする軍人が政治を動かすようになる。人間平等を主張した福沢諭吉でさえも、朝鮮や中国に対しては、欧米諸国と同様に武力で従わせるべきだと主張する。[3] 慶応義塾大学を創設した福沢諭吉は、朝鮮や中国から多くの留学生を受け入れていた。その中で、朝鮮の国を独立した国に導こうと、朝鮮の開化派のリーダーである金玉均（キムオッキュン）などを受け入れ世話をした。しかし、その後開化派の人らが王族を襲い、国を導こうと起こした一八八四年十二月の甲申事変は、三日天下で失敗に終わる。

金玉均や開化派の人らは日本へ亡命をした。その後、金玉均は一八九四年三月に上海へ渡るが、明成皇后の刺客に命を狙われ殺害されてしまう。死後に凌遅刑に処され、彼の親戚は三親等の一族処刑にされた。そのような朝鮮王族を見て、福沢諭吉は独立した国になるよう指導していたにもかかわらず、もはや日本のように開化する見込みはないと諦めたのである。(4) 彼は、日本はアジアを脱して西洋と進退を共にし、東アジアの中国や朝鮮とは隣国であっても謝絶して共に歩まない、西欧列強に倣って歩んでいくべきであると主張していく(『脱亜論』)。植民地にされることを恐れ、富国強兵を進めてきた日本が、今度は隣の国々を植民地にしようと狙う。

このように、戦争を仕掛けようとする相手の国への差別が強められていった。朝鮮人・中国人・台湾人に対する差別は激しさを増し、戦争で人を殺すことを正当化していった。

四　半井桃水と朝鮮

半井桃水(なからいとうすい)は樋口一葉の師である。一八七二年東京で生まれた樋口一葉は、小説家として職業作家を目指していた女性だ。一葉は、歌塾で和歌を勉強しており、教養を身につけた女性であった。長兄の死と次兄の除籍を受け、一葉は父を後見人とする相続戸主となった。父は、樋口家に婿を迎えるため一葉を婚約させたが、事業に失敗して、その後逝去する。婚約も破談となる中、一葉は多くの負債の返済と、母と妹を養っていかなくてはならなくなった。一家の戸主としての重責を背負うことになる。しかし、一葉には教養があったため歌塾の手伝いをしたり、他には洗濯や針仕事をして生計を立てた。仕事を持ちたいと願う中、歌塾の仲間三宅花圃が小説を書いて給料をもらったという噂を聞き、一葉も職業作家で生計を立てたいと、小説家を目指す。そのような時、師匠と仰ぎ小説の教えを請うたのが、半井桃水であった。

一八九一年四月に樋口一葉は半井桃水と出会う。当時、桃水は対馬から上京し、その後家族を呼び寄せて生活しようとしていた。包容力のある人物であるため一葉は慕っていた。そして、師弟関係が結ばれていく。最終的に、半井桃水は家族も呼び寄せるが、彼の弟がある女性と関係を持ち、その女性が妊娠する。その子をめぐって、半井桃水の子ではないかとの噂が広まってしまう。それを聞いた歌塾の先生たちが、半井桃水は悪い噂が流れているので、絶縁した方が良いとアドバイスをした。周りからも強く言われ、樋口一葉は辛い想いを抱きながら、一八九二年六月半井桃水と絶縁したのである。

半井桃水は、一八六一年対馬藩で宗家に仕え、藩医をしていた家に生まれる【写真1】。朝鮮通信使より後の、激動の時代である。一八七二年、父が釜山の倭館で医者として働いていたときに、手伝いとしてここで働いていたことがあった。ちょうど、草梁倭館が対馬藩の管轄から外務省に変わった時代で、その頃に釜山の倭館に滞在していた。

一八七二年、十二歳の半井桃水は、父の助手として釜山に渡った。彼は二年後帰国するまでに朝鮮語をマスターする。対馬で生まれ育っているので、彼の思想の根底には朝鮮との友好関係があり、倭館でも朝鮮語を習っ

写真１．長崎県対馬市厳原町の半井桃水生家　（半井桃水館所蔵）

たり、朝鮮文化を身につけて帰国する。対馬藩の藩医であった父が、倭館で働いていた二年間は変化のある時代であった。日本では、明治維新に対する新政府の対応に不満がつのり、西郷隆盛らの征韓論が台頭していたのである。

半井桃水が滞在中、新政府は朝鮮との貿易実務を、対馬藩から外務省、そして商社へと一方的に変えたのである。三井組を釜山入りさせてしまう。これに対して、朝鮮政府は友誼的な慣例を無視したと激怒する。江戸時代から日朝友好関係を築いてきたにもかかわらず、貿易実務の約束を反故にしたとして、倭館の門前に朝鮮政府は抗議文を掲示した。掲示文は朝鮮語であったが、半井桃水がその一文を翻訳し、そのままそれが日本政府に送られてしまう。その後、日本では征韓論が主張されるようになり、半井桃水は自分が征韓論を後押ししたのではないかと、自責の念を持った。

一八七五年、江華島で日本の軍艦雲揚号へ攻撃した江華島事件が起こる。この事態に日本世論は激高するが、新聞の論調は意外に冷静で、有力新聞の『東京日日』や『郵便報知』などは武力行使に反対と、武力行使反対論を展開した。十五歳の学生だった桃水も『東京日日新聞』に武力行使反対の投書を送り、掲載されていた。警告である発砲を、あえて攻撃してきたと言いがかりをつけ占領することに対して、不審の念を抱いた人も多くいて、新聞の紙面にもそのように掲載されていた。一八八二年、再び父の助手として桃水は釜山に赴いた。朝鮮語ができ、ジャーナリストとしての素養がある彼は、朝日新聞社の嘱託釜山特派員となる。

半井桃水が滞在していた一八八七年までの五年間に、様々な事件が朝鮮で起こる。例えば、民衆の不満が爆発し、朝鮮王族と政府や日本の公使館が襲われ、明成皇后は王宮から逃げ隠れた生活を強いられた壬午軍乱。また、開化派の人たちが政府に不満を持ち、王族を襲い新政府樹立を試みたが、三日天下に終わった甲申政変、そのような事件が起こった時に、半井桃水は騒乱の朝鮮にいた。開化派の金玉均（キムオッキュン）らは福沢諭吉が指導した人たちであったので、事変の失敗の後に日本に亡命した。その際に、亡命した朴泳孝（パクヨンヒョ）や同じ開化派の仲間とも、半井桃水は親交があった。

半井桃水はジャーナリストとして活躍し、報道で名をあげ、『東京朝日』は売上を一気に伸ばした。しかし、半井桃水が得意としていたものは、花柳界や庶民の風俗などと、朝鮮の日常を伝えるルポ記事や、ハングル入門のような文化的な記事である。それは、現在の韓流ブームの先駆けのようなもので、韓国の古典小説を日本に初めて紹介した。韓国文学の翻訳を『朝日新聞』に連載したのだ。一八八二年から韓国の口承文学である『春香伝（チュンヒャンジョン）』を挿絵入りで新聞に掲載する。つまり、彼はジャーナリストであるだけでなく、ハングルの文化的記事も紹介したのである。

五　樋口一葉の師　半井桃水

小説家志望だった半井桃水は日本に帰国後、記者として朝日新聞社に正式採用された。彼は、翻訳だけでなく自ら小説も手掛けた。代表作の『胡砂吹く風』は、薩摩藩士が釜山で両班の娘と恋に落ち、その二人の間に生まれた、朝鮮の独立を願う林正元（イムジョンウォン）が主役のストーリーである。この小説の題字は開化派の朴泳孝が書き、さらに巻頭を樋口一葉が「朝日さす　わが敷島の　山ざくら　あはれかばかり　さかせてしがな」という和歌で飾った【写真2】。「朝日がさす日本の山桜をしみじみと咲かせたいものだな」と、桃水の成功を祈り一葉は添えたのである。その連載は、一八九一年から九二年、樋口一葉との師弟関係にあった時代にあたる。その後、一八九四年の日清戦争以降、日本の世論は対朝鮮強硬論に大きく傾いていく。

　半井桃水の姿勢はその当時の世論とは、対立したものであった。人気があった『胡砂吹く風』は読者からの続編の要望もあり、『続胡砂吹く風』が一八九五年から連載されている。この作品は、日本と朝鮮・中国満州の政治的・文化的な独立とゆるやかな同盟関係を夢想していくものだった。しかし、その内容と当時日本が向かっている方向は正反対であった。そのため、日本が韓国併合から大陸への帝国主義侵略へと突き進む中で、半井桃水の依拠する場所はなく、朝日の朝鮮報道から姿を消していくのである。桃水はアジアを考え、日本と朝鮮、さらには中国との友好関係、それぞれの国の政治的な独立、

写真２．初版本『胡砂吹く風』の樋口一葉による巻頭歌　（半井桃水館所蔵）

文化的な存立、ゆるやかな同盟関係を夢見て、小説を書いた。残念ながら、彼が目指す方向と日本の進む道は、逆の方向に進んでいく。半井桃水の朝鮮への想いというものは、政治的な世論には左右されない、少年時代に釜山で培った情緒そのものである。

ジャーナリストである半井桃水を師と仰いだ樋口一葉は、先見の明があった。樋口一葉自身もこの『春香伝』を『朝日新聞』で読んでいたと思われるが、そればかりか半井桃水が同じような古典文学『九雲夢（クウンモン）』を樋口一葉に貸し、一八九二年五月から彼女はそれを書写する【写真3】。樋口一葉の作品は、おそらく半井桃水を通じて、韓国の古典文学の影響があるものと思われる。樋口一葉は職業作家を目指して、他の仕事の合間に小説を書く。その作品を雑誌に投稿するが、なかなか売れなかった。一八九三年からは荒物屋も営んだ。そのような中で、一八九四年代表作の『大つごもり』『たけくらべ』『にごりえ』『十三夜』という、名作を書いていく。社会の底辺を生きる庶民が主人公であった。それらは、晩年の十四か月の間に、次々と発表された。しかし、作家として絶頂に達しようとした一葉は発熱しても執筆を続け、過労のためか肺結核になってしまう。一八九六年、二十四歳という若さで樋口一葉は急逝する。

半井桃水は、一八九一年に朝鮮の独立をテーマにした『胡砂吹く

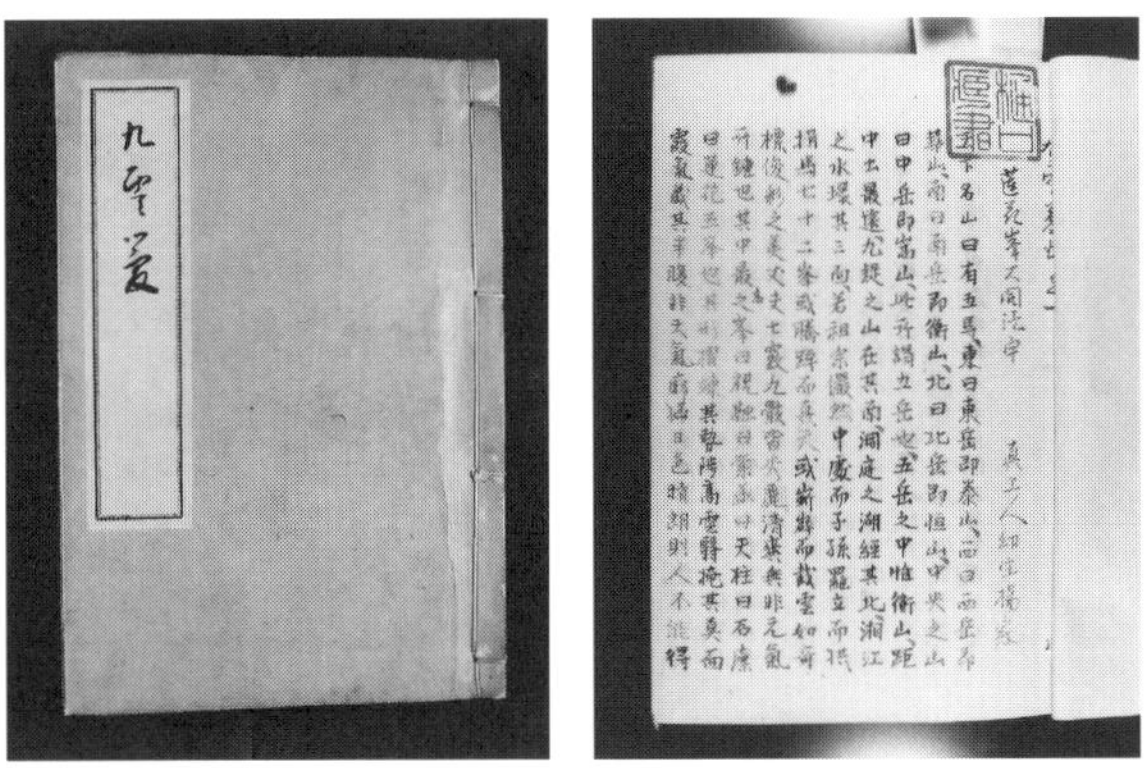

写真３．㊧樋口一葉が書写した『九雲夢』の表紙
㊨初頁　（山梨県立文学館所蔵）

風』を連載、一八九五年日清韓の同盟を願う『続胡砂吹く風』を連載するが中断した【写真4】。桃水は、その後新聞小説を書き続けるが、朝鮮に関わるものはなかった。最後は、福井県の敦賀で長唄や端唄などを作り、余生を送る。半井桃水が対馬という土地に生まれたこと、また朝鮮半島と日本を往来して生きてきたことから育まれた、日本とアジアと西洋の関わり方に対する見方は、「脱亜入欧」の思想に傾く当時の日本にあって、大変貴重であった

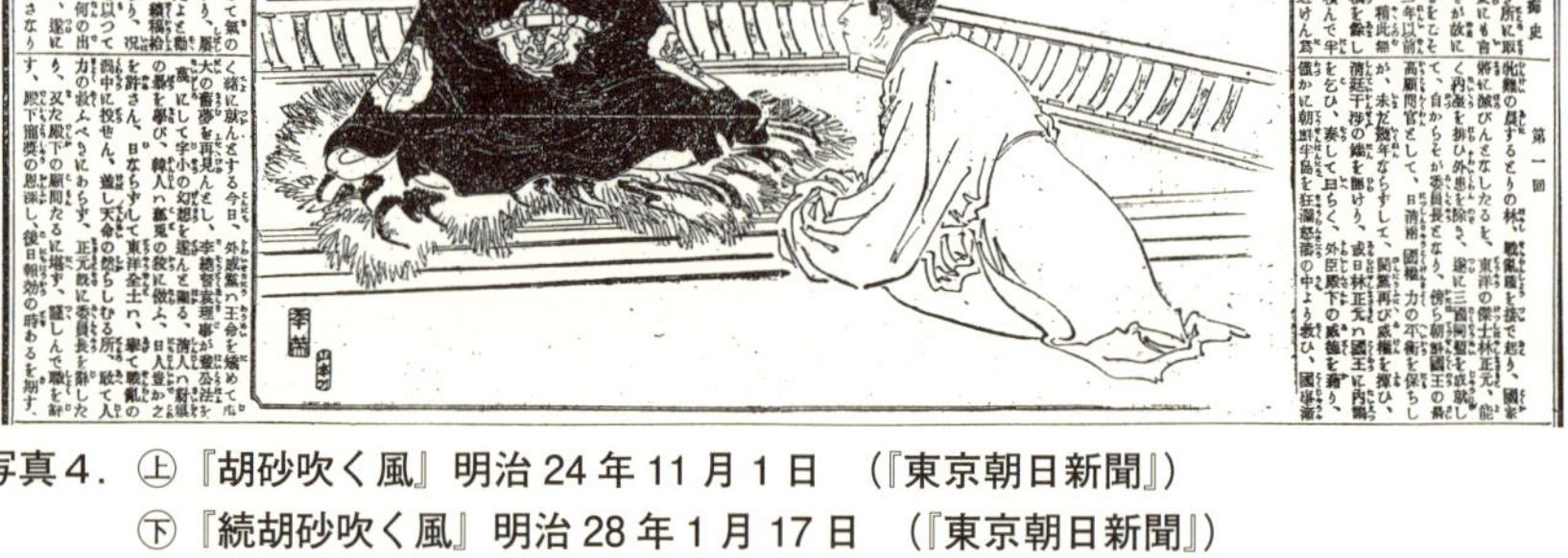

写真4．㊤『胡砂吹く風』明治24年11月1日　（『東京朝日新聞』）
㊦『続胡砂吹く風』明治28年1月17日　（『東京朝日新聞』）

と思われる。日本から一方的に朝鮮半島を眺めるのではなく、朝鮮半島から日本を眺め、またアジアの一員としての日本のあり方を考える半井桃水の見方、この視点がもし明治の世の中で主流になっていたなら、その後の歴史は変わっていたのかも知れない(5)。

半井桃水は、開化派の人を東京の隠れ家に住まわせたこともあり、そのことを樋口一葉は知っていた。一八九二年五月二十二日の「につ記」に一葉は「午後より又半井君病気を訪ふ　朝鮮より友人兩三名來たりしとかにて此邊乱雑也けり　おのれ行たる故にや人々は早かへりぬ」と記している(6)。朝鮮の友人が桃水宅を訪問しており、これに刺激されてか一葉は二十四日から『九雲夢』の書写を始める。朝鮮の国の行方を心配しているような半井桃水に対して、一葉は同情的な文章も日記に残している。朝鮮小説『胡砂吹く風』に巻頭歌を送り、主人公の知勇やそれに関わる女性の苦悩を辛辣に描いていると高く評価していることから、樋口一葉も半井桃水と似た考えを持っていたのではなかろうか。樋口一葉は、この当時認められていなかった、半井桃水の朝鮮に対する想いも含めて、師と仰いだのではないかと考えられる。

注

(1) 規伯玄方は「柳川一件」で南部藩へ流罪となる。後に許されて京都へ戻る。

(2) 一八九四年東学党の乱がおこると、袁は李鴻章（リーホンチャン）に出兵を促し、日清戦争の原因をつくったが、形勢が不利となるや、唐紹儀（タンシャオイー）に後事を託して漢城を脱出し、満州で軍需物資の輸送にあたった。

(3) 久保井規夫『入門朝鮮と日本の歴史』明石書店　一九九六年　七二頁〜七四頁

（4）杵淵信雄『福沢諭吉と朝鮮—時事新報社を中心に』彩流社　一九九七年　一一四頁
（5）拙稿「半井桃水の人と文学」『岡山商大論叢第三十九巻第三号』二〇〇四年　六九頁
（6）拙稿「半井桃水と樋口一葉—樋口一葉における韓文化の影響—」『赤羽淑先生退職記念論文集』二〇〇五年　二九九頁転用

第六章　安重根（アンジュングン）の遺墨と津田海純

一　明成皇后殉國崇慕碑と遭難図

朝鮮への侵略を進める日本軍を追い払うため、東学党の緑豆将軍・全琫準たち農民軍は再び闘った。しかし、近代兵器で武装した日本軍の前に、ついに敗れてしまう。

日本で閔妃（朝鮮の国妃）と呼ばれる明成皇后は、第二十六代高宗の妃で、政治にも関与していた。その明成皇后を中心に、朝鮮政府がロシアと結んで日本の侵略を抑えようとした。すると一八九五年十月八日、日本は明成皇后を暗殺して、朝鮮政府の中の争いのように偽装した。いわゆるこれが、乙未事変である。この明成皇后を暗殺した事件のことを韓国では知らない人はいないが、日本では知る人は少ない。

景福宮（キョンボックン）という宮殿の中で、この事件は起こった。一八九五年九月一日、井上馨に代わり、新しく朝鮮公使として赴任した予備役の陸軍中将三浦梧楼は、排日派の明成皇后に対して、殺害という無謀な計画を立て実行したのである。この襲撃を予測していた明成皇后は、事件当日身分を隠すため女官の服装をしていた。日本公使館守備隊と朝鮮訓練隊、日本人大陸浪人らが景福宮の乾清宮に攻め入り、次々と女官が殺害されていった。彼らによって、明成皇后の遺体が確認され、この宮殿内で燃やされてしまう。事件について不明な点が多い中、実行グループの一人だった日本人外交官が郷里の親友宛てに、王妃を殺害した経緯を詳しく書いた書簡が、二〇二一年に発見された。事件の真相を究明する、重要な資料が発掘されたのだ(1)。景福宮の中には、明成皇后殉國崇慕碑と、遭難図という二枚の大きな絵が掲げられている。遭難図の一枚は、まさに明成皇后が殺害されようとする絵、二枚目は遺体が焼かれている絵である【写真1】。現在、景福宮は観光地になっているので、多くの外国人観光客がやってくるが、この二枚の絵や崇慕碑のことを知る日本人は、ごくわずかだろう。

乙未事変を朝鮮政府内の争いに見せて、日本の都合のよい政府を作らせようとした企みは、すぐに露見する。事件当日、この宮殿の中にアメリカ人侍衛隊教官とロシア人技師の外国人が居合わせ、この事件を目撃していた。その後、日本の企みを知った朝鮮民衆は、日本への反感を強める。日本政府は最初、王の父であ

写真１．㊤韓国のソウル市にある景福宮内にある明成皇后殉難碑　㊥明成皇后が殺害されようとする絵　㊦遺体が焼かれている絵
（撮影著者）

る大院君と明成皇后の政治的な意見の対立による、王族関係の内輪もめのせいと見せかけていた。しかし、この企みは民衆に見破られ、各地で反日運動が巻き起こる。また、義兵も組織されていった。このようにして、民衆が抗日武装闘争を展開したのである。

民衆の動きに押された朝鮮の高宗も、一八九七年に国名を「大韓帝国」（韓国）と改称して、他国からの侵略を阻止しようとした。乙未事変後、逃げた先は韓国の建物ではなく、高宗はロシアの公館にいた。外国公使たちも、高宗に対して同情し、高まる反日運動のために日本は孤立し、朝鮮侵略の企ては難しくなっていく。三国干渉以降、中国の東北部満州と朝鮮へ勢力を伸ばしてきたロシアと、韓国政府は強く結びついた。そのため日本は、ロシアと対立を深めていく。そして、日露戦争の準備を強める。

朝鮮国から中国に南満州鉄道を敷き、戦争の準備を始めるのである。一八九九年、中国の民衆が東北部の侵略に抵抗して起こした義和団事件にも、イギリスやアメリカなどと同様にロシアと日本は、中国への侵略を企て大軍を派遣する。特にロシアは韓国政府につながりをもつ利権を頼みに、南下政策をとり、日本との対立を深めていく。一九〇二年に日本は、日英同盟を結んでロシアとの開戦の準備をした。そして、一九〇四年二月に日本軍は、朝鮮に大軍を送り韓国政府に戦争協力を強要し、ロシアと戦争を始める。これが、日露戦争である。

二　保護国とされた韓国

日露戦争を始めると、日本軍は韓国政府に圧力をかけ、戦争協力をさせる。また、多数の人員を派遣させ、日本軍が韓国国内で制約なしに行動できるようにした。戦争が日本に有利に展開すると、日本軍は韓国駐箚(ちゅうさつ)軍として韓国全土を占領し、集会・結社・出版・報道の自由を奪った。日韓議定書を結ばせて韓国政府から政治をする権利を奪い、保護国とした。一九〇四年八月には韓国の財政・外交を指導するようになった。これが第一次日韓協約である。開戦時、ロシアの東洋艦隊が長い航路で疲れていたところを、日本はT字作戦で攻撃した。旅順・遼陽・瀋陽・日本海などの戦いに日本は辛うじて勝利するが、甚大な被害を被り、日本国民の負担は重く生活は苦しくなる。次第に戦争反対の声もあがり、戦いを継続することは難しくなった。旅順攻撃の指揮官であった乃木将軍の子も、この戦争で命を落とすなど、日露戦争は多くの人命を奪ったのである。一方、ロシアでは一九〇五年一月に民衆が戦争に反対し、国会の開設を要求した。九月にポーツマス講和条約が調印され、日露戦争は終わる。日清・日露戦争の戦場となった朝鮮、また中国の民衆の被害は甚大なものだった。

日露戦争の勝利により、日本は韓国への侵略に対するアメリカ・イギリス・ロシアの承認を得る。一九〇五年、韓国から外交の権利を完全に奪う第二次日韓協約（乙巳(ウルサ/いつし)保護条約）を結ぶ。そして、翌年一九〇六年には統監府を置き、伊藤博文が初代統監に就任し、内政にも干渉していく。この蛮行に対して韓国の高宗は、一九〇七年にハーグの万国平和会議へ使節を送り、参加国に日本の侵略を訴えた。つまり、理不尽な日本の行いを万国会議で訴え、正してほしいと三人の特使をハーグに送ったのだ。これが、日本ではハーグ密使事件といわれるもので、特使三人が選ばれて赴くが、最終的には韓国の訴えは聞き入れられなかった。他の会議参加国も、植民地拡大を進めることでは日本と同様の意図をもっているので、この訴えを取り上げなかったのである。

韓国の高宗から密詔を受け、特使となった一人李儁(イジュン)は、「自分たちの意のごとくならず」という想いで、この後割腹自決した。さらに、密使を送ったことに怒った日本は、韓国の高宗を退位させる。国際的にも孤立した中で、高宗は退位させられた。明成皇后と高宗の間の子である純宗(スンジョン)を第二十七代の王にしたのだ。そして、日本によって内政も監督指揮されることとなる。いわゆるこれが第三次日韓協約である。特に、日本は裁判や警察の権力を掌握し、武力となる韓国軍を解散させ、民衆の日本に対する抵抗を難しくさせた。このように日本は、韓国に対する非道な行為を正当化し、民衆を蹂躙(じゅうりん)していった。

日本の侵略に対して、朝鮮の民衆は激しく抵抗を続ける。民衆は義兵を組織し、完全武装の日本軍と闘った。反日義兵と言われる人たちである。『大韓皇城新聞』は廃刊覚悟で乙巳保護条約の無効を主張した。一九〇七年、韓国軍が解散されてからは、多くの韓国軍兵士が自ら武器を持ち義兵に参加する。そのため、反日義兵の勢力が強固なものになっていった。

侵略を推し進める者への民衆による制裁も行われていく。一九〇八年には、サンフランシスコのオークランド駅前で、日本の侵略を合理化していた外交顧問のスティーブンソンが、張仁煥(チャンインファン)・田明雲(チョンミョンウン)に射殺される。また、一九〇九年朝鮮では、第二次日韓協約に賛同した総理の李完用(イワニョン)が、李在明(イジェミョン)に刺された。このような侵略の先兵となっている者への制裁が行われていく中、一九〇九年十月中国のハルビン駅で、独立運動家の安重根（アンジュングン）は初代朝鮮統監であった伊藤博文を射殺した。安重根が伊藤博文を射殺した翌年の一九一〇年八月二十二日、日本は韓国政府に「日韓併合条約」を結ばせる。この後日本が敗戦する一九四五年八月十五日まで、朝鮮を日本の植民地としたのである。

三　韓国併合

一九〇九年、安重根が初代朝鮮統監の伊藤博文をハルビン駅で射殺した。その翌年一九一〇年、ついに日本は「日韓併合条約」を結ばせた。植民地支配がはじまり、朝鮮の人たちにとって最も辛い時代を迎えることになる。日本は併合後、朝鮮総督府を作り、天皇が任命した総督が全権を握る支配体制にした。まず、朝鮮全土の土地を調査して公用地化し、多くの田畑や山林を朝鮮農民から奪い、東洋拓殖会社などを通して、日本人地主のものにしていった。これが「土地よこせ」強奪政策である。また、会社・銀行・鉱山・漁業なども朝鮮総督府の許可と監督を要するという法律を定め、日本人がそれらの経営者となった。これに朝鮮民衆は反対して抵抗する。朝鮮人の約八五パーセントは農民だったため、日本人地主の小作人となって重い年貢に苦しんだり、または仕事を求めて日本へ渡り、低賃金で酷使されるようになった。これが、「米よこせ」強奪政策である。「内鮮一体」(2)の内地に在日として渡っていくだけではなく、寒さの厳しい中国東北部の満州や、ロシアのシベリアに移住した朝鮮人も多くいた。それが、主に朝鮮族といわれる人たちである。

朝鮮民衆が反日独立運動を進めることを日本は警戒していた。そのため、朝鮮人に天皇に仕える臣民となることを押し付けた「朝鮮教育令」という法律を一九一一年に制定した。学校では日本人教師が教鞭をとり、朝鮮の歴史を禁止して日本語を国語とし、朝鮮語の授業を徐々に無くしていく。一九一一年の教育令は、国語は週四十時間、朝鮮語と漢文は週に二十二時間もあったが、一九三八年の教育令では日本語を必ず使用、朝鮮語と漢文は教科として選んでもよい程度に、時間数が減らされた。朝鮮の新聞や書物は検閲され発行禁止となった。「内鮮一体」のスローガンの下、団体や集会も禁止されていく。内地から教師は次々に派遣されて、朝鮮半島へと赴いていった。それでも、朝鮮の民衆は私立学校や塾において、朝鮮語や歴史を守り抜く運動を進めたのである。

「韓国併合」がされたとき、初代朝鮮総督となった陸軍大将の寺内正毅（まさたけ）は祝宴を開く。一九一〇年八月二十九日夜「小早川　加藤　小西が　世にあらば　今宵の月を　いかに見るらむ」と歌を詠んだ。つまり、文禄・慶長の役のときに出兵した大名、小早川秀秋・加藤清正・小西行長ら秀吉の侵略軍の朝鮮征服は失敗に終わったが、今日自分たちが実現したと、寺内正毅は自画自讃した。それは、国を奪われた民族の恨（ハン）（苦しみと屈辱）を、思いやることができない人の愚かさでもある。当時の日本は戦争賛美の風潮一色で、平和を唱えれば、刑務所に入れられるなど、平和を愛する民衆にとっては、暗黒の時代であった。

しかし、日本の中に朝鮮の民衆の痛みに共感し、その苦悩を指摘した人たちもいた。その一人が、歌人石川啄木である。啄木は、韓国併合後の一九一〇年九月九日、「九月の世の不平」と題して歌を詠む。韓国併合の事実を、真っ赤に色塗りされた朝鮮の地図で、日本は新聞報道した。啄木は、新聞紙上の真っ赤な朝鮮を黒い墨で塗りつぶして、「地図の上　朝鮮国に　黒々と　墨をぬりつつ　秋風を聴く」と歌を詠んだ。地図の上から朝鮮国が無くなってしまった、秋風という季節の言葉によって、その悲しさを表している。また、日本国民が伊藤博文の死を悼んでいた十月十三日、安重根を極悪な犯罪者の不逞鮮人と罵っていた時期に、「雄々しくも　死を恐れざる　人のこと　巷にあしき　噂する日よ」と、安重根に敬意を表す歌を詠んでいる。このように石川啄木の思いは、日本民衆の良心を代表するものであったとも考えられる。(3) 安重根は東洋の平和を願っていたが、その願いは叶わず、日本は朝鮮国を植民地支配下に置いてしまう。地図から朝鮮半島が消え、その後日本は韓国民衆から国籍や土地・言葉までも奪った。

四　安重根の『東洋平和論』

安重根は伊藤博文を射殺した当時、日本国内では「ならず者」「テロリスト」と言われていた。一九〇九年、伊藤博文をハルビン駅で射殺する。日露戦争時に敷設した南満州鉄道で視察をする計画をあらかじめ入手した安重根たちは、ハルビンの駅で伊藤博文が下車するのを待ち構えていた。安重根の放った鉄砲の弾、三発のうち一発が伊藤博文の急所近くを貫通する。その直後は意識があったが、病院へ搬送する途中で伊藤博文は絶命したといわれている。その後、逮捕された安重根は旅順の刑務所に護送される。死刑になるまで獄中で、日本・韓国・中国が連帯して東洋の平和を守るべきだという『東洋平和論』を執筆するが、その途中一九一〇年三月、旅順の刑務所で死刑が執行された。

安重根は、一八七九年黄海道（ファンヘド）に生まれる。安重根が生まれたあと、朝鮮半島では一八九四年に日清戦争が起こり、また明成皇后暗殺事件や第二次日韓協約が強要されるなど、植民地化が進む時代であった。安重根は、極めて教養のある一家に育つ。安一家は学校をつくるなどの教育的活動をしており、中国で論語を学んだりもした。一九〇四年の日露戦争中に、安一家は中国の山東省に移住したが、祖国の危機的状況を案じて帰国する。そして、一九〇七年ハーグ密使（特使）事件を契機とする韓国の高宗の退位や、韓国軍の解散が義兵運動を高揚させていた頃、安重根はウラジオストクに渡り、大韓義勇軍を組織した。そして、義兵参謀中将となり日本軍と交戦した。しかし、結果的には敗れてしまう。帰国後、侵略の先兵となる人たちの制裁を考えるようになり、伊藤博文暗殺を画策する。

一九〇九年一月に安重根はロシア領のコリで十一人の同士と断指結盟を結び、全員が左手の薬指の第二間接から先を切断し、その血で太極旗に「大韓独立」と書き決意を新たにした。安重根の遺墨には、必ず左手の手形が押してある。写真に写るときは、薬指がない左手を出し決意を表していた。そして、血で「大韓独立」と書いた太極旗を持って、決意を強くしたのである。

伊藤博文殺害は一九〇九年十月二十六日、ハルビン駅で実行された。その後、裁判の法廷で、十五箇条の伊藤博文罪悪を示して殺害の理由を説明する。(4)

一、韓国の閔妃明成皇后を殺害した罪
二、韓国の高宗皇帝を廃位させた罪
三、乙巳保護五条約と七条約を強制締結した罪
（中略）
八、韓国軍隊を強制解散した罪

などを示し、安重根は理由を述べた。また、旅順の獄中においても日本と韓国、中国の三国が連帯して東洋の平和を守るべきだという『東洋平和論』を執筆した。安重根は獄中で『安応七歴史』という自叙伝も書くが、このような平和論も執筆していたのである。この論文は未完に終わっているが、安重根の東洋の平和を願う想いを口述で伝えた記録が残っている。

その論文で安重根は、各国の軋轢や葛藤が続く東洋の中心である旅順を永世中立地帯として、それぞれの国から政府を代表とする人を派遣し、アジアの平和のための常設委員会を開催して紛争を未然に防ぎ、将来の発展を諮ることをするべきだと述べている。また、各国が一定の財政を提供して開発銀行を設置し、困難な国の援助と共同開発の資金として使用するようにすること、さらに、この委員会が地球の東の端に存在する意義をローマ教皇に伝え、その代表を派遣してもらうよう主張している。(5)

つまり、この時代に平和会議をする場所を旅順に決め、東アジアの平和を考え、戦争を未然に防ぐといった会議を設けようとしていた。さらに、共通の通貨なども使って東アジアの経済を発展させ、資金援助もし

ていこうという構想を、既に安重根は『東洋平和論』で述べている。安重根の周りにいた人たちは感銘を受けたにもかかわらず、日本では「ならず者」や「テロリスト」と呼ばれていた。一方、旅順の刑務所で安重根に携わっていた日本人の中には、安重根はただ者ではない、『東洋平和論』が書き終わるまで死刑を延ばしてほしいと、懇願した人もいたのだ。この当時から、東アジア発展のため東洋の平和を切に考え、安重根は構想を練っていたのである。

五　遺墨と教誨師　津田海純

津田海純は、死刑の直前まで、旅順の刑務所で安重根の教誨師として勤めていた。その時に、三幅の書を安重根に書いてもらう。死刑の直前に書いたといわれる三幅の書は、大学・中庸・論語が出典のようであった。「目下の者に問うことを恥じない」「その見えない所の道を慎み

写真２．笠岡市浄心寺所有の安重根による三幅の書　（撮影著者）

深く守り、聞こえない所の道を恐れ慎む」「不仁者は長い困窮に耐えられない」といった三幅の書である【写真2】。

著者は、一九九七年岡山県笠岡市にある浄心寺を訪ねた。その時、十六代住職である津田康道と出会えたのである。津田康道の祖父にあたる津田光純には二人の弟がいた。一人は、明導（白印）と言われて絵が上手な人物で、現在の岡山龍谷高等学校の創設者である。その下の弟が津田海純であり、安重根の教誨師（受刑者の教育や心のケアをする人）であったのだ。この津田海純は、当時旅順の西本願寺に勤めていたが、ここから教誨師として旅順の刑務所に派遣された。津田海純が安重根の遺墨を持っていた経緯については、角南宏の「浄心寺周辺―安重根とその時代―」の記述に読み取ることができる(6)。

海純は繰り返し繰り返しゆっくり説いた。「南無阿弥陀仏のみ教えを信じ、必ず仏にならせていただくことの喜び、つねに報恩のおもいをもち、世のため人のためお祈りをしなさい」と。

「私は無念に思わない。進んで死地へおもむくことは承知のことです。私の果たしたことが同胞万民の本意なら、必ず救われることでしょう。貴僧のお言葉はあの世まで持って行きます。決して忘れることはないでしょう。しばらくお待ち下さい」と云い看守に硯と筆をもって来させ、奉書の五言絶句を草書でしたため、左手に墨を塗って手形を押して差し出した。

「あなたに親切にしてもらったことを、心から感謝しています。東洋の平和が訪れて、韓日の友好が蘇ったとき、私は生れ変って、またお会いしたいものです。いろいろお世話になりました」

海純は静かに合掌し、目をとじた。その翌日、即ち一九一〇年（明治四十三年）三月二十六日、午前十時十五分刑は執行された。

教誨師の任期を終えて翌年、海純は安重根の遺品を抱え、本土に帰還した。

残念なことだが安重根の遺骨は未だに見つかっていない。

当時の日本では、伊藤博文を殺害した凶悪犯・テロリストとしてしか、安重根は評価されていなかった。その当時でも、津田海純は「値打ちのあるものは必ず残る。大切に保存し続けなさい」と言った。この言葉を受けて、浄心寺では大切にその遺徳を偲び続けたのである。三幅の書を浄心寺に持ち帰った後、住職である兄の津田光純が大切に保存し、八十七年間も息子から孫へと受け継がれる。著者が訪問した約一ヵ月後の六月に、三幅の書と資料八十七点が津田康道の手によって、京都の龍谷大学に寄託された。これは、資料がより多くの日本人の目に触れることによって、安重根のいう東洋平和を守るべきだという考えを知ってもらいたいからである。

安重根の書は、国家的英雄であるため韓国では国宝である。韓国に返して欲しいという声がある中、敢えて津田海純の子孫は日本に留めた。著者は、安重根の遺徳を偲んでいた人物が、日本の岡山県笠岡市にある浄心寺にいるということを、ソウル市南山にある安重根記念館に知らせに行った。安義士記念館で、両国の総合理解と友好のために、使命感を持って日本語で解説する李恵筠（イヘギュン）氏に、そのことを伝えた。さらに、津田海純とその子孫が安重根に対し深い理解を示されていたことも説明した。それを聞いた李恵筠氏たちも感動し、記念誌に記録を留めたいと言われた。津田海純さんのような人を、心から受け入れられる韓国人が増えることを願いながら、帰国の途に就く。その後、記念誌『壮烈千秋』が、一九九七年十月二十六日に発行される。(7) その記念誌には、「日本において安重根のことをならず者と呼んでいた時代に『値打ちのあるものは必ず残る』と言い、遺徳を偲びつづけた人達がいた」ということが載っていた。日本にも安重根の理解者がおり、その手によって三幅の書が敢えて日本に留められたことは、意義深いことである。(8)

その後の二〇一〇年、韓国全国で安重根没後及び韓国併合百年の式典が企画された。安重根の遺徳を偲ぶ展示会が韓国全国で行われたのである。その準備のため、二〇〇九年に記念館の李惠筠氏が、浄心寺を訪問した。そして、彼女は安重根と津田海純の関わりなどを聞き、さらに京都の龍谷大学に行って、三幅の書を貸して欲しいと願い出たのである。この遺墨を韓国全国の展示会において、多くの韓国人の目にも触れさせて、津田海純の人となりを伝えたいと言った。

展示会の記念誌『安重根』の中には、三幅の書と遺徳を偲び続け

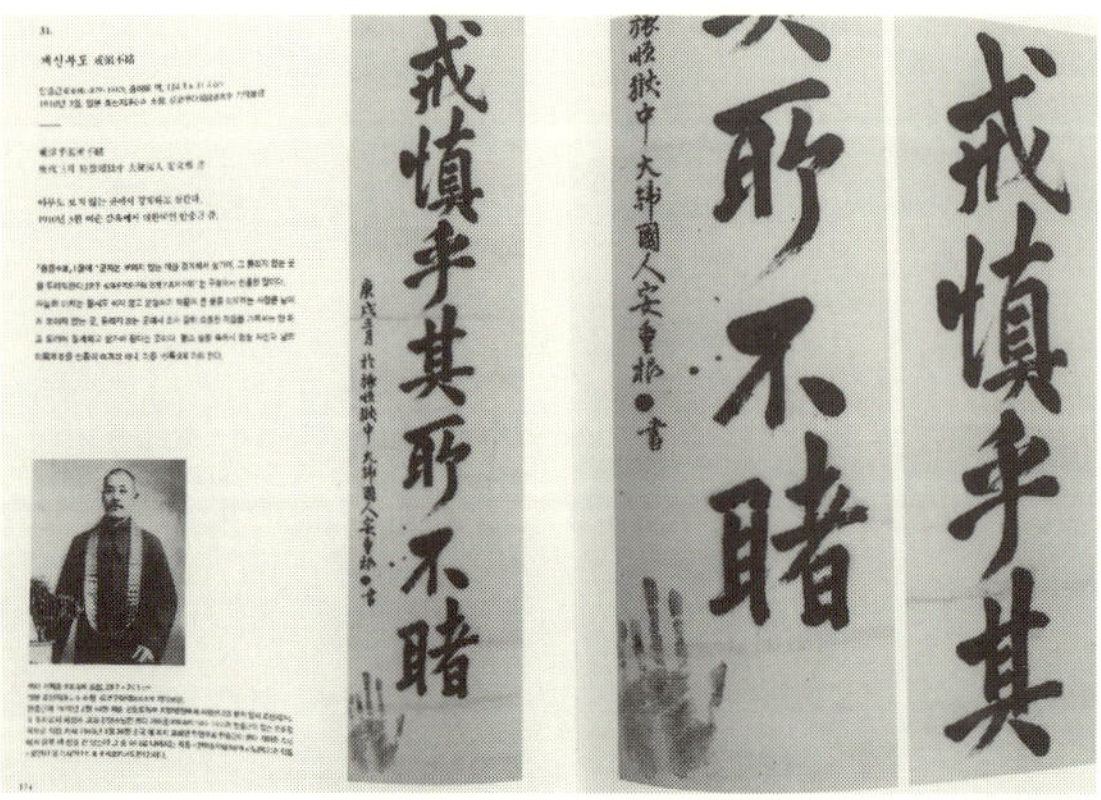

写真３．㊧津田海純の人となりを伝えた『安重根』　㊨表紙　（芸術の殿堂）

た浄心寺の津田海純や、その子孫たちのことも明記されている【写真3】。韓国の人の目にも触れ、安重根の書が韓国に戻ったことにも、著者は感銘を受けた。安重根の「東洋の平和が訪れて、韓日の友好が蘇ったとき、私は生まれ変って、またお会いしたいものです」と言った安重根の言葉、百年後にやっとこの思いが通じたような気がする。津田海純は、安重根の遺墨を八十七年間、「値打ちのあるものは必ず残る」と大切に保存し、日本人にその遺徳を伝えた。このことは、日朝日韓の相互理解にとって大変意義深いことである。

注

（1）「閔妃暗殺　外交官が明かす書」『朝日新聞』二〇二二年十一月十六日
（2）内鮮一体とは、日本（内地）と朝鮮は一体であること。
（3）歴史の基本的な流れは、久保井規夫『入門朝鮮と日本の歴史』明石書店　一九九六年　七六頁～八二頁に依拠している。
（4）安重根義士記念館『大韓國人　安重根義士』一九九五年　一四頁
（5）同前　二〇頁
（6）角南宏「浄心寺周辺—安重根とその時代—」らぴす　一九九八年　二八頁
（7）安重根義士崇慕會『壮烈千秋』一九九七年　一五頁
（8）現在、ソウルの南山の上に安重根記念館が建てられ、救国の英雄として展示紹介されている。そこは、かつて日本が朝鮮人に拝むことを強制して天皇を祭った、朝鮮神宮の跡地であった。

第七章　韓の人々の心に寄りそった日本人　浅川巧

一　独立運動

一九一〇年の韓国併合以降、ヨーロッパは第一次世界大戦へと突き進んでいく。その後、自由と平和を求めるロシア革命などの影響を受け、日本では自由主義的な運動や民主主義が発展し、大正デモクラシーの活動となった。また、朝鮮や中国では、民族の自由と独立の精神が高まる。そして、第一次世界大戦直後に、アメリカ大統領ウッドロウ・ウイルソンによって発表された「十四箇条の平和原則」の民族自決主義に刺激された。韓国併合に抵抗して退位させられた、第二十六代朝鮮王高宗の死が直接のきっかけとなり、韓国では一九一九年三月一日より独立運動が始まる。朝鮮全土で一年間に亘って激しく繰り広げられた「三・一独立運動」は、朝鮮民衆が侵略者日本に弾圧されても、民族の自由と誇りを貫いて闘うことを示した全民族的運動であった。

この「三・一独立運動」は、一九一九年二月八日に朝鮮人留学生が東京神田にある朝鮮キリスト青年会館に集まり、小説家である李光洙（イガンス）が起草した独立宣言文を読み上げることから始まっていった。一九一九年一月二十三日高宗が薨去すると、国内では日本政府に毒殺されたのではないかと噂が広まる。その後、在日朝鮮人留学生たちによって独立宣言が行われた。独立宣言文は「茲に吾族は、日本又は世界各国が吾族に民族自決の機会を与えんことを要求し、若し成らずば、吾族は生存の為め自由行動を取り吾族の独立を期成せんこと」を宣言するものだった[1]。二月八日、朝鮮人留学生たち約六百人が東京で独立を宣言する集会を持ったのだ。その後、留学生たちは警察によって解散させられ、十三人は逮捕されたのである。

これが起爆剤となって朝鮮でも独立宣言の集会が、高宗の葬儀に合わせて計画される。葬儀のために全国から集まってきた民衆が三月一日、京城（キョンソン）（現在ソウル市）のパゴタ公園で民族代表三十三人が独立宣言文を確認し、数千人が「大韓独立万歳」と叫びながらデモ行進を行った【写真1】。高宗の死の真相は、日本政府による毒殺説が噂になっていたので、集まった人たちは次々とデモ行進に参加していく。京城市内を行進する民衆は五十万人にも及んだ。

この運動は、たちまち都市から農村へ、さらに朝鮮全土に広がり、一年間に亘り一千万人の民衆が参加した運動になっていった。最も激しかった三月から五月には、一五四二回の反日独立の集会やデモ行

写真１．ソウル市のタプコル公園（パゴタ公園）内の「三・一運動記念レリーフ」
（撮影岡山放送）

進、そして憲兵警察などとの闘いが繰り広げられ、二百五万人の民衆が参加した。この全ての朝鮮民衆が闘ったともいえるほどの「三・一独立運動」に恐怖心を抱いた日本は、完全武装の軍隊・憲兵・巡査を増強して凄まじい弾圧を行う。

その後、武力で弾圧ばかりしていては朝鮮民衆の反発を招くため、武断的な統治を文化的な統治へと改めていく。例えば、朝鮮人を下級役人に採用したり、会社設立について定めた朝鮮会社令を辞めたり、憲兵警察を普通警察に変えたり、制限付きで言論の自由を認めるなど、あらゆる手段を使って融和政策を行い、朝鮮民衆の怒りを鎮めようとしたのである。それまでの「武力統治」を「文化統治」へと変えようとする。

「三・一独立運動」は、近代史上最大の反日運動でもあった。全国に広まり、犠牲者は約七千人に上った。運動は中国の「五・四運動」の先駆けとなる。一九一九年五月四日、中国北京の学生たちも立ち上がった。同じように日本の侵略と闘っていた中国の民衆も、この朝鮮の「三・一独立運動」に熱い連帯を示した。五月四日の北京の学生たちによる立ち上がりに続き、中国全土で長期にわたる排日運動が始まったのである。

二　植民地政策と闘った英雄たち

この「三・一独立運動」は、朝鮮民衆が民族の自由と誇りを守り続けるために闘ったものであった。完全武装の日本軍や憲兵警察を相手に勇敢に立ち向かった朝鮮民衆の全てが、英雄でもあった。そのような中で、代表的な人物が柳寛順（ユガンスン）である。柳寛順という女性を知らない韓国人はいない。なぜなら、彼女は韓国のジャンヌ・ダルクと言われているからだ。

柳寛順は、ソウルの梨花（イファ）女子大学の前身ともいわれる梨花学堂で学んでいた十五歳の少女であった。独立運動の拡大を防ぐために学校が一時閉鎖されると故郷の天安（チョナン）に帰り、友人と二人で万歳デモを企画して、太極旗を作り準備を進める。そして、四月一日三千人の集会で独立を宣言し、「大韓独立万歳」を叫んで太極旗をひるがえして、柳寛順を先頭にデモ行進をした。襲い掛かった憲兵警察に、彼女は首謀者として逮捕され、七年の懲役刑を受けて西大門（ソデムン）刑務所に送られる。屈服させようと連日加えられる拷問にも負けず、毎日獄中で「大韓独立万歳」を叫んだ。しかし、彼女は息絶えてしまう。逮捕中に受けた拷問が元で、獄中死してしまうのである。

現在でも、この西大門刑務所が残っていて、拷問する様子を蝋人形で再現している。死刑が執行された場所も残っている。死刑の直前に、受刑者がすがりついたと伝えられる木があるが、その木は生気がないといわれている。

西大門刑務所において「大韓独立万歳」を叫ぶ中、息絶えていった柳寛順。腫れあがった彼女の写真を見ると、拷問された苦しみよりも自分の信念を貫いた潔さがあった。彼女のことを、東洋（韓国）のジャンヌ・ダルクと呼んで、民族の自由を守った不屈の行動に、民衆は励まされたのである。そして、独立運動を闘い続けていった。故郷である韓国の天安には、柳寛順の精神を受け継ぐ追慕閣と独立記念館が現在建てられている。また、韓国の小学校の教科書には柳寛順が取り上げられ、彼女の国を愛する心は、今でも大切にされている【写真2】。

柳寛順と同じ柳姓で、植民地政策を批判した日本人もいる。柳宗悦（やなぎむねよし）である。「三・一独立運動」が行われていたとき、日本では民族の自由と人権を要求する大正デモクラシーの時代でもあった。しかし、朝鮮の植民地支配をやめることを主張する勇気を持った日本人は、少なかった。

そのような中で、独立運動は当然だとして、勇気をもって立ち上がったのが民芸美術家柳宗悦だ。柳は、浅川伯教（のりたか）・巧兄弟との親交を通じて、朝鮮陶器などの美に触発され、民芸運動を起こした人である。韓国併合に強く反対した柳宗悦は、一九一九年ソウルを中心にして起こった「三・一独立運動」直後の一九一九年五月二十日から二十四日に、『読売新聞』において「朝鮮人を想う」という文章を掲載している。

写真２．韓国の天安市にある独立記念館「不屈の韓国人像」（撮影著者）

> 余は今度のできごと（三・一独立運動）に就いて少なからず心を引かされている。特に日本の識者が如何なる態度で、如何なる考えを述べるかを注意深く見守っていた。然しその結果朝鮮に就て経験あり知識ある人々の思想が殆ど何等の賢さもなく深みもなく又温みもないのを知って、余は隣人の為にしばし

涙ぐんだ。…日本の古美術は朝鮮に恩を受けたのである。法隆寺や奈良の博物館を訪ふ人はその事実を熟知している。我々が今国宝として海外に誇るものはほとんど支那と朝鮮との恩恵を受けないものはないであろう。然るに今日の日本は少なくとも酬いるのに固有の朝鮮芸術の破壊をもってしたのである。好事家（こうずか）は古作品を聚集（しゅうしゅう）するが、かかる作品を再び造る心を彼らに活かそうとするのではない。これがいわゆる同化の道であるならば、それは恐るべき同化である。余は世界芸術に立派な位置を占める朝鮮の名誉を保留するのが、日本の行うべき正当な人道であると思ふ。(2)

この論文は、一年後の一九二〇年四月十二日から十八日まで六回に及び、『東亜日報』に朝鮮語訳で掲載され、朝鮮でも大きな反響を呼んだ。国に対する批判は危険な行いで、柳の自宅には当時思想警察である特高が見張っていた。しかし、柳は朝鮮に対する崇敬の念を表す文章を次々と発表する。「私は此頃殆ど朝鮮の事にのみ心を奪われている。（中略）少なくとも或場合日本が不正であったと思う時、日本に生れた一人として、茲に私はその罪を貴方がたに謝したく想う」と一九二〇年四月十九日「朝鮮の友に贈る書」を『東亜日報』に朝鮮語訳で発表するが、翌日中止処分を受けている。

さらに、一九二二年八月二十四日から二十八日まで「失られんとする一朝鮮建築の為に」が、浅川巧の尽力もあり『東亜日報』に朝鮮語訳で掲載された。破壊される予定である景福宮の光化門（クァンファムン）に対して「光化門よ、長命なるべきおまえの運命が短命に終わろうとしている。お前は苦しくさぞ淋しいであろう」と世論に訴えている。つまり、六百年の歴史を刻む光化門を日本は破壊しようとしていた。なぜなら、朝鮮総督府の建物を建てるため邪魔になるからだ。それに対して、柳らは反対運動を起こす。原文は検閲で一部伏字にされたが、同年九月に『改造』にも掲載され、内外で広く世論を起こした。それが功を奏して、光化門は取り壊しを免れ、景福宮の東側に移されることになった。このような働きをした日本人もいたのである。最終的に光化門を守れたのは、柳宗悦などの活躍があったからである。(3)

三　白樺派の同人たち

柳宗悦は、同じ白樺派の美術家浅川伯教と弟巧とともに、韓国の韓（から）文化に心をよせた人でもあった。白樺派の作家には、有島武雄をはじめ、里見弴・武者小路実篤・志賀直哉などがいる。志賀直哉の代表作は『暗夜行路』である。柳は、志賀直哉と元々仲が良かった。この代表作の『暗夜行路』は、作品を書き終えるまでに十六年間もの時間を要している。一九三七年にこの作品が完結されるが、志賀直哉の作品の中に、朝鮮の植民地統治について述べているくだりがある。執筆活動が行われていた当時、朝鮮半島は日本の植民地時代であった。結果的には、志賀直哉の直接的な意見は書かれてはいないが、おそらく彼が柳宗悦や浅川兄弟に影響を受けていることは、確かだと思う。作品の中に、閔徳元（ミントクウォン）という「不逞鮮人」の話が出てくる。

その部分の概略を説明する。主人公謙作はある不逞鮮人の話を聞いた。閔徳元という若い貴族で、その地方では相当勢力のある金持ちであったが、鉄道施設の計画でその方の役人から相談を受け、一手に敷設のための土地の買い占めを引き受けた。絶対秘密で安く買い上げるつもりだったから、自分の土地は全て抵当とし親類縁者からも金の出るところからは全て出させ、ますます買い占めの手を広げていくうちに、何時かこの噂も評判となった。人々は閔徳元を裏切者として憎んだ。しかし、彼は自分は単に親日主義者なのだというのである。このように『暗夜行路』の作品の中に書いている。この閔徳元という人物が朝鮮総督府の役人に、「この辺りに鉄道を敷くので、その土地を提供しろ」と言われ、そそのかされた閔徳元は鉄道が敷かれるであろうという土地を買い占めた。自分の全財産、または親類縁者からお金を集めて買い占め、高く総督府に売ろうとしていたのである。しかし、その土地に鉄道は敷設されず、役人の言葉を簡単に信じたことに自分の落度はあるものの、朝鮮総督府からきた話である以上、「責任を取ってくれ」と閔徳元は総督府に嘆願する。結局、役人たちは冷たくあしらい、またその話を勧めた役人も内地日本に帰ってしまう。朝鮮総督府は気の毒だという素振りも見せず、その上、閔徳元が何度も苦情を言ってくるため、「おまえはもう不逞鮮人と認めるしかないぞ」と言い渡す。そして、このあと閔徳元の行いは非行化していき、遂に「不逞鮮人」となって悪業を重ねていく。

作品の中にあるが、彼は「日本に復讐をしてやろう」と決心する。朝鮮の独立というほどの考えは閔徳元にはないが、そんな大それたことではなく、自分から全てのものを奪ったものに対する、絶対的な復讐心で、ありとあらゆる悪い事を繰り返した。最終的には、札付きの不逞鮮人となった彼は、死刑になる。

この『暗夜行路』の筋を、柳宗悦とその妻より朝鮮の様子を聞き、志賀直哉は考察した。彼自身は、当時一度も朝鮮に行ったことがないので、柳らの影響を受けて作品に植民地支配下に置かれる朝鮮を描いていた。不逞鮮人になっていく閔徳元を登場させたことで、志賀直哉自身の民族的問題の提起や意見は、おそらく柳や浅川兄弟に近いものがあったのではないか。[4] 朝鮮の民芸運動を推進した柳宗悦ではあるが、志賀直哉の作品にも少なからず影響を与えたのである。

四　朝鮮の人から愛された浅川巧

浅川伯教と巧の兄弟は、朝鮮の膳や白磁を愛し、守った人である。柳宗悦を知る日本人は多いが、近年日本の学者により研究され、浅川巧は日本でも知られるようになった。浅川巧は一八九一年一月十五日、山梨県高根町に生まれる。浅川巧の兄である伯教は、山梨師範を卒業したあと小学校の教師をしていたが、やがて白樺派に傾倒していく。芸術家肌で、朝鮮の陶芸美術品にも深く関心を寄せていた伯教は、一九一三年に朝鮮に渡り、本格的に陶芸品の収集と研究に没頭する。弟である浅川巧は、山梨農林学校を卒業する。そして、巧自身も農業の勉強をしたのち、一九一四年兄伯教を頼りに、同じく朝鮮に渡る。巧は、朝鮮総督府の林業試験場に採用され、技師として二十年近く朝鮮の植林事業に献身的に携わる。

浅川巧は、露天埋蔵法や養描法を考案し、造林の研究で大きな成果をあげる。朝鮮五葉松の露天埋蔵法では、自然を師とした育て方を発見した。また、朝鮮紅松の養描法は、現在でも行われている。朝鮮紅松は大きな松の実の獲れる種類で、二年間で育苗するものを一年間に短縮するといった技術を開発した。[5] 特に、松は焼物を焼く木に適しており、その養苗法を浅川巧は発明したのである。

雨の日も風の日も試験場に行き、浅川巧は研究を重ねる。朝鮮の木を切り倒してオンドル（床暖房施設）

に利用したり、日本が近代化を進めたので、剥げた朝鮮の山に緑をという想いで懸命に働いた。そして、浅川巧は朝鮮人と一緒に仕事をするために朝鮮語を学び、寝食を共にする生活を送る。彼は朝鮮語を話し、朝鮮の服を着て、朝鮮人になりきっていた。サーベルを持った憲兵警察が、席を代わるよう命令すると、「自分は日本人だ」と言わず、朝鮮人と同じように日本人の命令に従うほど、朝鮮の人々の痛みを自ら実感するのである。植民地支配に対しては、柳宗悦と同じような見解で、朝鮮人の立場になって生活をしていた。朝鮮の樹木に関する調査について『樹苗養成指針 第一号』という本を著す。

兄と同様に、朝鮮の美に心を寄せていた浅川巧は、林業試験場で技師として働く傍ら、朝鮮民芸の研究家として活躍した。浅川兄弟は朝鮮の民芸の美に感動し、柳宗悦らと研究して周囲に影響を与えた。民芸品を後世の人々に伝えるために、『朝鮮の膳』『朝鮮陶磁名考』という本も著す。絵や説明文、さらには写真を入れ、後世の人に韓国の伝統文化を伝えようとしたのである。彼の素晴らしいところは、美術品だけでなく、日常で使う膳や食器、生活スタイルまで書き残し、朝鮮文化を後世に伝えようとしたことである。当時、朝鮮文化を否定しようとした日本人によって、陶芸品などは壊された。浅川兄弟と柳宗悦は精力的に活動を進め、朝鮮民族美術館を建設したのである。朝鮮の民芸を収集し、朝鮮の美を伝えたいという願いで推進して、一九二四年に美術館は開館した。それは朝鮮総督府の許可を受け、景福宮の中に置かれた。

こうした朝鮮の自然と民衆の心の中に生きようとした生き方は、多くの朝鮮の人から信頼されることにも繋がっていった。平日は、林業試験場で研究や開発に従事し、朝鮮の山を緑にしようと雨に打たれながらも本来の仕事をした。さらに休日には、兄や柳宗悦と全国を回り、大切な朝鮮の文化を守る活動に奔走する。

明けても暮れても朝鮮のために活動し、朝鮮式の生活をして、植民地下に置かれている朝鮮人の痛みや苦しみを分かち合おうとした。それゆえに、朝鮮の人から愛され信頼されたのだ。だが、身体を酷使したため、一九三一年四月、四十歳の若さで浅川巧は急逝する。彼の死が近くの村々に知らされると、人々は群れを成して別れを告げに集まってきた。そして、横たわる亡骸を見て慟哭した。反日の気持ちを抱く人々が多くいた朝鮮で、それは考えられない場面である。棺は申し出により、朝鮮の人々に担がれ運ばれた。浅川巧は、彼の愛した朝鮮服を着たまま、朝鮮の人たちの共同墓地に葬られたのである。

一九四五年、朝鮮の独立直後には、日本人の墓がことごとく破壊されたが、浅川巧の墓は林業試験場の人たちにより、忘憂里（マンウリ）の共同墓地に移された。林業試験場の人々によって大切に管理され、ソウル郊外の彼の墓を訪れる韓国人は、今も絶えない【写真3】。兄伯教作である白磁の陶器を模したものが土葬の墓の横にあり、共同墓地であるにもかかわらず、遠くからでもすぐに見つけることができる。その墓は、日本の方角を向いている。人々から愛され朝鮮の土となって眠っている浅川巧だが、日本の恥辱にならないために、日本人の誇りを失わない活動を、彼は最後まで行ったのではないだろう

写真3．ソウル市郊外にある忘憂里共同墓地　㊧墓参りする生徒たち　㊨浅川巧の墓　（撮影著者）

か。朝鮮の土となってはいるが、日本を想う気持ちは、誰よりも深いと思う。

柳宗悦から送られた手紙が、一九九九年五月十日の『朝鮮日報』に掲載され、浅川巧の人となりが紹介されている。「浅川巧の墓所で私は近親のような安らぎを感じる。彼と私の間にはすでに玄界灘はない。彼は私にきて土になり、私は彼にとって流れていく水になる。この差別のないことと相生でこそ朝鮮の美術がもっぱら進もうとした道ではなかったか。突然、ある年の冬、柳が京都からソウルの浅川に出した手紙が思い出される。実際に柳宗悦が京都から朝鮮にいる浅川巧に送った手紙の内容の一部だ。『…外には霰がちらついている京都の夜だよ。君のいる京城郊外の気温も零下に下がっているだろうか。今頃温突房（オンドルバン）で朝鮮のおぼんに仲良く座り囲んで朝鮮の食器で食事をしているだろう…どんな運命だろう。君と僕は一生朝鮮とは離れようとしても離れられない因縁で絡んで生きているようだな…我らはできる限り、思いきって朝鮮のための仕事をすることにしよう…一九二九年二月十二日京都でやなぎむねよし[6]』」と、できる限り思いきって朝鮮のために仕事をした人生だったのではないだろうか。

日本と朝鮮のために精一杯力を尽くした浅川巧の生涯であった。

注

（1）波田野節子『李光洙―韓国近代文学の祖と「親日」の烙印』中公新書　二〇一五年　二二五頁〜二二六頁転用

（2）小林慶二『韓国』高文研　二〇〇〇年　二二頁転用

（3）杉山享司「柳宗悦と朝鮮との関わりをめぐって」『民藝第七五九号』二〇一六年　一九頁〜二一頁

（4） 拙稿「アジアから見た日本文学」『清心語文第十号』二〇〇八年　二六頁～二八頁

（5） 高崎宗司『朝鮮の土となった日本人』草風館　二〇〇二年　九二頁

（6） 金炳宗「浅川巧の忘憂里」『朝鮮日報』一九九九年五月十日

第八章　大和塾をさがす旅

一　十五年戦争のはじまり（一九三一年〜一九四五年）

韓国併合後、「土地よこせ・米よこせ」などの植民地政策を日本は進める。日本の民衆は、不景気と大凶作のため生活が苦しかった。日本政府や資本家、地主などへの不満が募り、労働争議や小作争議を起こして闘った。さらに、朝鮮や中国の民衆も日本の侵略への報復心を強めていく。これに対して、日本の政府と軍部は中国を侵略して打開しようと、一九三一年に満州事変を起こす。その後、一九三七年に日中戦争、さらには太平洋戦争へと十五年間に亘る戦争に民衆を巻き込んだ。

これらの戦争に反対する日本や朝鮮の民衆に対して、日本の政府は「治安維持法」による厳しい弾圧を加えた。この「治安維持法」は一九二五年、普通選挙法と共に社会主義者を弾圧するために制定したものだ。政府のやり方に反対する労働運動や小作争議、平和運動の全てを弾圧し、特別高等警察が民衆の考えや言論まで厳しく監督した。朝鮮人の抗日運動や民衆の自由を主張することも罪とされたのである。

一九三一年、日本は柳条湖事件を起こして、中国東北を侵略した（「満州事変」）。翌一九三二年、かいらい国家満州国を設立する。日本は愛新覚羅　溥儀（プーイー）・溥傑（プーチエ）を利用し、自国に都合の良い「満州帝国」を成立した。一九三七年には日本軍の全面的中国侵略の開始、いわゆる日中戦争を起こす。この戦争中、中国の毛（マオ）沢東（ツォートン）と蒋介石（チアンチエシー）は「国共合作」で協力し、日本と戦った。この戦争を続ける中、日本は一九四一年に太平洋戦争を起こして、戦火を拡大する。

植民地支配に通底する「同化政策」を日本は行う。朝鮮民衆の反日独立の闘いを抑圧し、朝鮮人の誇りを奪い、日本に従わせ、戦争に協力させようとしていた。日本固有の「同化政策」である「皇民化政策」を天皇制支配の名のもとに実行する。朝鮮総督府が考えた「皇国臣民」とは、「天皇陛下に忠義をつく」して忍苦鍛錬する、「天皇のために笑って死ねる」人間だった。[1] その一環として、一九三七年から「皇国臣民の誓詞」を学校や役所・職場・駅などで繰り返し朗誦させる。「私どもは、大日本帝国の臣民であります」といったもので、日本語で暗記・暗唱させた。この他にも国旗を掲揚させたり、神社を参拝させたり、皇居へ向かって「宮城遙拝」させたり、君が代を普及させたりして、日本人の生活や習慣、さらには考え方を無理矢理押し付けた。これが「人よこせ」政策である。だが、これに心から従う朝鮮人はいなかった。

日本の神社を拝むことを拒否し、闘って投獄された人は二千人余いたと言われている。日本語の常用化が行われ、学校では朝鮮教育令がより厳しくされていく。一九三八年から朝鮮語や朝鮮の歴史の授業が無くなり、一九四二年からは朝鮮語を使うことも禁止され、仮に使うことがあれば罰を与えられた。朝鮮語の新聞や本、さらには音楽までも禁止され、朝鮮語・ハングル・歴史を研究する団体も解散させられた。日本の警察や役人が、役所・駅・市場などで日本語を使うように見張りもした。それでも、朝鮮の民衆は朝鮮語を話し、書き続けたのである。

さらに、一九三九年には「創氏改名」といって、名前を日本人の名前に変えることを三千万人の全朝鮮人に強制した。この「創氏改名」に朝鮮民衆は強く反対する。これに対し日本は、役所や郵便局で民族名を受け付けなかったり、学校で子供を殴って通学させなかったり、食料や衣服を配給しなかったり、解雇したり、鉱山などで酷使したり、投獄させたりなどして抑圧した。一九四〇年から実施され約八割は改名させられた。それでも、代々ある家系図「族譜（チョクボ）」に日本名が入ることは屈辱だと、抵抗した人もいる。また、朝鮮民族の誇りを守るため、自ら命を絶つ者もいたのだ。子供たちにも「創氏改名」が義務付けられていったため、学校では日本人教師が朝鮮人生徒を神社へ連れていき、神前において日本名を報告させた。そして、日本臣民になることを無理やりに誓わせたのだ。

「内鮮一体」（日本と朝鮮は一体である）で内地日本から教員が派遣され、朝鮮でも日本人教師が教鞭をとっていた。このようにして、「人よこせ」政策が行われる。一九二五年、「治安維持法」成立以後、一九四五年の日本の敗戦まで、日本政府は言論弾圧を行い、日本・朝鮮の民衆を戦争に巻き込んだ。

二　皇民化政策と強制連行

一九三七年、日本は「皇国臣民の誓い」を強制し、一九三八年、「朝鮮教育令」で学校での朝鮮語の使用を禁止。一九三九年には「創氏改名」によって、朝鮮人の名前を奪った。戦争が長引き負け戦になるにつれ、日本国内でも学生を含めた若者が、次々と兵士として戦場へ送られ、尊い命を落とす。日本では一九三九年、「国民徴用令」が出され女性や老人、そして子供までもが兵器工場・土木工事・農業の手伝いなどの勤労奉仕をさせられる。戦場に男たちは駆り出され、残った女・子供・老人が国内の活動を担わされた。にもかかわらず、仕事が厳しい鉱山や土木工事などで、働く人手が不足した。この労働力不足を補うために、労務動員が実施された。一九三八年に募集が始まったが、一九三九年から多くの朝鮮人や中国人・台湾人が無理矢理日本に連行された。これが、強制連行である。その期間や行き先も知らされず、彼らは連れて行かれた。朝鮮での募集は一九四二年に「自由斡旋」から「官斡旋」に変更された。一九四四年からは、朝鮮や台湾にも「国民徴用令」が実施され、さらに多くの朝鮮人や中国人・台湾人が日本に連れて来られた。そして、戦場で人夫として酷使された。韓国併合後在日朝鮮人の数が急速に増え、一九一一年には二五七二人、それが一九四五年には二百万人以上に膨れ上がったのである。

朝鮮人女性も強制連行され、工場などで働かされたが、日本軍は推定二十万人もの朝鮮人女性を「慰安婦」として戦場へ連れていき、十四万三千人が亡くなった。[2] 残された「慰安婦」も自分が性暴力被害者であったことを、長い間周囲に告げることはできなかった。だが、一九九一年金学順（キムハクスン）が性暴力被害者として初めて名乗り出たのである。その後、次々と「慰安婦」にされた被害者が名乗りをあげていった。

著者は、戦時下における性暴力被害者が寄り添い過ごす「ナヌムの家」に、日本の学生や在日の学生を連れて行ったことがある。学生たちに自分たちが経験したことを、ハルモニたちは当時のことを思い出すことは苦しいと言いながらも一生懸命説明してくれた。「皆さんに罪はない。だが、こういうことがあったという事実を知ってもらい、それを伝えてもらいたい」と。せっかく日本から来てくれたのだからと言って、日本の歌を歌ってくれた。それが日本の軍歌であったことが、強制連行の負の遺産であると感じ、胸がつまった。また「彼女たちの戦争はまだ終わっていない」と思い知らされた瞬間でもあった。彼女たちは皆高齢者であるため、年々亡くなっていくが、生きて命ある限り最後まで闘っているのである。それが、現在の日本と韓国の歴史認識の問題として、両国の間に横たわっている。

一九四四年から、日本は報復を恐れ、朝鮮人の徴兵を延ばしてきたのだが、兵士の不足からついに「徴兵制」を実施し、多くの朝鮮の若者たちが南方諸島など激戦地へ送られ、尊い多くの命を落としている。つまり、「命よこせ」政策で、尊い命が奪われていった。戦時中、兵士としては約二十万人、労働者としては約八百万人が朝鮮半島から動員された。

二百万人以上いた在日も、戦後は独立を勝ち取り帰国するが、帰れなかった人たちも多くいた。独立後、朝鮮戦争が起こり、日本に残った在日の人たちは、祖国に帰れないまま日本で生活を続ける。その中には無縁仏の人もいた。その無縁仏になった「朝鮮人殉難者」の慰霊と供養をした日本人がいた。それが、大隅実山である。

三　大隅実山との出会い

大隅実山は、一九〇四年に奈良で生まれる。幼いころから仏教に関心があり、僧侶になるために修行に出た。小学生を終える年に母親を亡くした大隅実山は、その後拝み手に母を亡くしていることを言い当てられ、信仰の道に関心を持つようになる。そして、十九歳の時に急性肺炎で生死の境をさまよい、経を唱えたことで救われた。自分が法華経によって救われたことと、母親の菩提を弔いたいという思いで寺に入ったのである。後の一九四四年以来、岡山市吉備津の妙見山真城寺の住職を大隅実山は務め、一九六〇年以降は戦中から戦後にかけての朝鮮人殉難者の遺骨を管理・供養した。

仏教の修行をしている一九二九年、世界恐慌のあおりで労働者のリストラや倒産が続出していたさなか、天皇の子供たちが巨額を投じて家を建てていた。それに対し、妹尾義郎が結成した大日本日蓮主義青年団の機関紙『若人』を発行した。その中で、「国民の生活の逼迫を無視し云々」と論陣を張ったのである。この妹尾義郎という人物は、仏教を志す多くの青年たちの心を虜にしていった。そのうちの一人が、大隅実山であった。大隅実山も妹尾義郎の運動に参加するが、一九三七年十二月に大阪支部長になっていった大隅は、検挙されてしまう。そして、一九三九年四月一日に大阪控訴院で思想犯として執行猶予の判決を受ける。一応釈放はされるが、大隅実山には保護司がついた。その秋、金沢の妙立寺に弟子入りをする。翌一九四〇年三月八日に師が亡くなり、その葬儀で護国寺の住職に出会う。そして、朝鮮の大邱行きが決定する。

朝鮮の大邱に渡るが、思想保護観察所の監視が大変厳しく、京城の護国寺に移る。一九四一年一月八日、京城で担当の保護司が変更になるが、その保護司からの依頼で、三月十日から大和塾へ行くように命じられた。大隅実山は、大和塾の実体が何であるかも知らないまま、保護司が厳しかったため、命令通り大和塾に入ったと語る。大和塾に入った三十人のうち、唯一の日本人僧侶であり、他の塾生は全員朝鮮人であった。僧侶であったため、座禅の組み方や経の唱え方を、他の塾生に強制することを主催者に命じられ、それを実践したことを大隅実山はとても悔やんでいた。一時でも、加害者の立場になったことに対する自責の念が、後の遺骨の供養に繋がったのである。

一九五九年に岡山県の仏教会によって、県下の在日朝鮮人の遺骨調査が始まり、寺や役場、さらに工事現場などに放置された約二百柱（体）の遺骨が収集された。その中で、引き取り手がなかった六十六柱（体）を大隅実山が預かり、供養したのである。その後、十二柱（体）も預かり慰霊と供養を続けた。大隅実山には、妻と四人の子供がいた。妙見山真城寺は、現在廃寺になっている。石段が続く高い山の上にあり、遺骨を運ぶだけでも大変だと思われるが、そこに住んで供養を続けていた。戦後になり、近所の人たちは山を下りたが、大隅一家は留まった。子供たちが義務教育を修了して山を下りても、妻と二人で供養を続けた。大隅実山は、関節リウマチになり手足が不自由になったため、妻が山の上り下りをして生活を支えた。その妻が亡くなり、大隅実山は山で慰霊と供養を続けることが困難になる。そして、一九七四年に大阪市天王寺区の統国寺に遺骨七十八柱（体）を託すのである。大隅実山は、山を下りた後も自宅で位牌に向かい、日々読経を続けて供養をしたのである。

著者が大隅実山と出会ったのは、一九九八年のことである。その際、大和塾の跡地を探してほしいと言われた。大隅実山は、一九四一年当時大和塾のあった場所の地図を、広告の裏に墨で描いてくれた。そのときに描いてくれた地名は、全てが一九四一年のままなのだ。「京城駅」を北に行ったところに保護観察所があり、歩いて二十分のところに大和塾（三階建てのフランス系の女学院）があった。さらに、二キロ離れたところに「延禧専門学校」現在の延世（ヨンセ）大学があり、そこで昼休みに畑仕事をしたと教えてくれた。

四　大和塾をさがす旅

大和塾とは、第二次大戦のさなか日本の植民地支配下の朝鮮に創設されたもので、独立運動家や共産主義者、さらに民族主義者のうち転向しないものを、保護観察処分として収容、思想転向を強制した施設として知られている。いわゆる、日本の「同化政策」の中でつくられた思想転向者の道場である。戦後、不都合なものは消去されているため、日本側に資料はなく、韓国側にも朝鮮戦争があったため資料が乏しかった。実在していたかも定かでない「大和塾さがしの旅」に、大隅実山が持っていた当時の写真と地図を頼りに、著者は出かけることになる。大隅実山に宛てられた、当時の保護司からの手紙が残っていたため、思想保護観察所の旧住所が判明した。

まず、ソウル市の中区区役所に行き、その観察所の現住所を確認した。ソウル市内には景福宮などの宮殿が残されている。徳寿宮（トクスグン）は市庁の近くにあった。観察所は、

写真１．韓国のソウル市庁別館敷地内にある旧観察所　（撮影著者）

その徳寿宮の隣、市庁別館の敷地内であることがわかった。実際に行ってみると、当時の観察所の姿がそのまま残っており、圧倒された。昭和二年に建てられていた。現在は、美術館になっている【写真1】。大隅実山の記憶によると、大和塾の場所は観察所から歩いて二十分のところで、延禧専門学校から二キロ離れているということだったので、三階建てのレンガ造りの建物という情報を元に探した。大隅実山が示してくれたものの中には写真もあった【写真2】。大隅実山が塾生たちと一緒に写した写真が数枚残っており、その中には、レンガ造りの建物が写っていて、大和塾という名前もある。しかし、レンガ造りの建物を探し回ったが、見つけることはできなかった。

写真2．1941年当時「大和塾」の前で整列する塾生たち（大隅家所蔵）

「大和塾は本当にあったのだろうか」と疑念を抱きながら探した。「もしかしたら、大きな施設が大和塾に使用されたのかもしれない」と思い、二十分ほど離れた場所の大学を探す。そこで、監理教神学大学（カンリギョシンハク）が周辺にあったため、行ってみることにした。大学の敷地内に、大和塾とよく似た三階建てのレンガ造りの建物があったので、職員に聞いてみた。すると、それは朝鮮戦争の後に建てられた建物であることが判明する。

「やはり、朝鮮戦争があったため焼けてしまったかも知れない」と諦めかけて、地図と写真を持って帰ろうとした。その時、すれ違った鄭赫（チョンヒョク）牧師が、「その写真の建物は、大学の前身の協成（ヒョブソン）女子神学校に似ている」と教えてくれた。その言葉に驚き、確認してみようと図書館へ行き、大学の七十周年記念誌を調べたとこ

ろ、「監理教神学校忠正路校舎は日帝末期に思想保護観察所大和塾などに使用された」と記述されていたのである。(3)

日本や韓国で乏しいとされていた資料を発見した喜びとともに、大和塾の実態が明らかになるのではないか、との光明が射した。鄭牧師の案内で大和塾のあった場所に行ってみると、三階建てのレンガ造りの建物はすでになく、そこにはマンションが建っていた。近所の人が、マンションを建築する前の大和塾の写真を見せてくれた。写真の建物には、大和塾の名前はなかったが、確かにレンガ造りの洋館があり、それが大和塾に使用されたと確信することができたのである。

五　大和塾での生活記録と塾生探し

大隅実山から塾生を探してほしいという要望があったので、一緒に入っていた塾生たちは、どんな人物であったのか、探っていこうと思った。一九四一年、大隅実山が京城の護国寺に勤めていた時に観察所から電話があり、観察所が大和塾に三十名を選抜するので、心身鍛錬のため三月十日から一ヶ月間、大隅実山に入所して欲しいという連絡が入った。大隅実山は、一九四一年三月十日から四月九日までの、大和塾の生活を日記に記録していたのだ。この日記は、大変貴重な資料である。なぜなら、日記には大和塾での日常が詳しく記されていたからである。

三月二十五日に日本人の大隅実山だけ参加していないが、志願兵訓練所を見学したとあり、三月三十日には新村の延禧専門学校へ耕作に行き、昼食を白南雲（北朝鮮の初期の教育相）や他の塾生と一緒に摂ったことが記されていた。また、四月四日には講師として朝鮮軍報道部の少将が招かれ、「国民としての臣道実践ということの根本的なものは何か」という質問をしており、その質問に対し塾生が答えられなかったということも記されていた。さらに、翌日四月五日には、夕食に香山光郎（本名李光洙）から、すき焼きをご馳走になったとも書かれていた。李光洙は、朝鮮近代文学の父と称され、創氏改名を最初に届け出た人の一人ともいわれている。そして、四月九日に退塾式が行われている。塾生の名前や、どのようなことがそこで行われていたかが、日記に記されていた。大隅実山は、有名な作家であった李光洙を尊敬していた。退塾した後も、家を訪ねていき李光洙と仏教の話をしたと著者に語った。

　大和塾の写真には李光洙も写っている。他には、東亜日報の元副社長の張徳秀（チャンドクス）、当時は普成専門学校（現在高麗大学）教授も写っており、大和塾の実態を探るための重要な資料となった。大和塾に関わりのあった李光洙と張徳秀は、共に日本への留学経験がある。一九一九年、東京の留学生たちが決起した二・八独立宣言に二人は関与していた。実際に、李光洙においては独立宣言文を起草した人物である。

　李光洙は作家でもあったため、この朝鮮青年独立宣言書を起草し、海外に知らしめる任務を負った。彼は、意訳文を持って二月五日に秘密裏に日本を離れて上海の臨時政府を訪れる。残った朝鮮人留学生たちは、二月八日に神田の東京朝鮮キリスト教青年会館で宣言書を発表し、その後数人は逮捕されている。張徳秀は、「三・一独立運動」に加わろうと帰国したところを逮捕される。後に、上海にいる呂運亨（ロウンニョン）が日帝当局の招待を受け、通訳として日本へ帯同したことで、釈放される。そして、一九三六年高麗大学の教授として教鞭をとっていくのである。このような李光洙と張徳秀、独立運動家であったが、後に親日派に思想転向していくという共通点が、二人にはあった【写真3】。

李光洙は、独立運動を続けていたため、治安維持法で逮捕されるが、病気という理由で保釈された。そのような中、一緒に運動していた安昌浩（アンチャンホ）という独立運動家が一九三八年三月亡くなる。李光洙の思想の支えとなっていた安昌浩の死が、彼を変えていった。十一月に李光洙は思想転向の申告書を裁判所に提出する。その後、親日転向者として、当局に対する協力行為が顕著となっていく。戦争推進や志願兵の応募を促進するための演説活動も積極的に行った。また、創氏改名した香山光郎の名前で多くの日本語小説を執筆した。一九四三年から一年間、親日小説を発表している。例えば『兵にな

写真３．第一回「皇道精神修練会」に参加した塾生（前列右から一人目・張徳秀、五人目・李光洙、第三列右から二人目・大隅実山）（大隅家所蔵）

れる』『大東亜』という作品などで「皇国臣民化」を促している。彼は、日本語で小説を書いている。その作中には日帝に対する迎合及び抵抗の精神が、行間に垣間見られる。そして、一九四五年、日本の敗戦後に反民族行為処罰法によって逮捕されるが、獄中で『私の告白』などの弁明書を書くのである。朝鮮戦争中に北に拉致され、その後亡くなる。結局、二〇〇九年、韓国における反民族行為処罰法及び、日帝強占下反民族行為真相究明に関する特別法で設置された、反民族行為特別調査委員会及び親日反民族行為真相究明委員会によって、李光洙は「親日反民族行為者」と認定される。

一方、張徳秀は高麗大学の教授という立場を利用し、一九四三年十一月五日に大学の講演会で「熱血溢れる激励の言葉」を述べる。学生たちは民族派と思われていた張徳秀の過去を思って、絶句し、唖然とした。張徳秀のスピーチが絶妙であればあるほど、転向者としての恥が拡大して、逆効果になった。『東亜日報』にも載った、太平洋戦争に積極的に学生を志願兵にさせるための講演だったのだ。結果は、三名しか名乗り出ず、十四日までの志願率が他校に比べ最低であった。十一月十七日に自進蹶起大会を決起し、講堂に校長以下教職員、学生二百六十余名が集められた。そこで、張徳秀は再び演説をし、翌十八日の『毎日新報』に同じ趣旨の文章を寄稿している。それによると、

諸君はこの土地の将来を力強く双肩に担い半島の皇民化という一大理想を完遂する希望の星であることを私は今日まで少しも疑問にもったことはない。しかしいま全半島の運命を決定するこの日、諸君はどれだけ私の希望を落胆させているか、私は諸君が先輩と各界の勧告を待つことなしに文字通り一人の脱

落もなく軍門に入ることを固く信じている

と記されている。[4]

これは、香山光郎（李光洙）の天皇帰一主義と同様に、学生たちが最も憤慨した発言であり、彼らの心は離れていったが、当局の圧力につぶされ、最終的に高麗大学では二五九名に及ぶ志願者を出したのである。

大和塾に関わっていた二人は、創氏改名を最初にして、香山光郎という名前で日本語小説も書いた李光洙、高麗大学教授として学生を学徒出陣させ、多くの尊い命を犠牲にした張徳秀であった。一九一九年二月八日に、「三・一独立運動」の先駆けとなった、東京での独立宣言に関与した人たちでもあったが、日本に留学していた当時のような独立運動家ではなかったのである。つまり、二人は思想転向した人、思想転向者の代表的な人物であった。このような国民に影響力がある人たちを、会社の役員にして、名誉ある役職を与え懐柔していった。「武力統治」から「文化統治」に変えた日本が、朝鮮人民を「天皇の赤子」として組み込むための一端を担う人として、彼らを利用したのである。李光洙は小説家として新聞に投稿できるほどの、東亜日報編集局長職につき、張徳秀も高麗大学の教授、東亜日報副社長といった名誉ある職に就いていた。それにも関わらず、東亜日報や高麗大学には大和塾との関係を明らかにするものは、現在あまり残されていない。

六　大隅実山の遺骨奉還

大隅実山は、当時大和塾に関わっていた張徳秀や李光洙たちに対して、自分自身が加害者の立場になったという後悔の念にかられる。大和塾の前で撮影されている塾生たちの写真の他に、塾生たちに経を指導したり、座禅をさせたりしている大隅実山の写真も残っている【写真4】。大和塾の実態は、朝鮮人民を天皇の赤子として組み込むための一端を担うものであった。大隅実山が参加したのは、第一回「皇道精神修練会」という短期の思想犯鍛錬で、長期入塾者向けの活動も行われていた。

一九四四年、岡山市真城寺の住職を務め、その後大隅実山は強制連行された人の遺骨を供養していく。一九六〇年以降、戦中から戦後にかけて岡山県で亡くなり、引き取り手のなかった岡山県朝鮮人殉難者の遺骨の慰霊と供養をする。その遺骨は、名前や出身地がないもの、創氏改名による日本名などによって身元特定が困難なものが多かった。そして、一九七四年大隅実山が統国寺に遺骨を託したあとも、彼の調査した表などを手掛かりに、三柱（体）の遺骨が実際に遺族に戻された。一九八九年から身元を確定する活動を起こし、韓国の新聞の記事で身元を探し当

写真４．㊧座禅をさせる大隅実山　㊨塾生たちに経を指導する大隅実山　（大隅家所蔵）

て、実際に遺骨を遺族の元に返したのである。その後も、一九九三年に「朝鮮人受難碑」を岡山市西川緑道公園に建立するなど、返還を願い遺骨の供養を続けていたが、大隅実山は奉還を果たせぬまま二〇〇〇年に九十五歳で逝去した。

大隅実山は、最後まで残された遺骨が全て祖国返還されることを願い続けていた。そして、遺骨が返還される日がやってくる。三・一独立運動から百年後の年に、祖国奉還が実現するのである。二〇一九年二月二十七日「統国寺に安置された強制動員朝鮮人犠牲者無縁仏奉還追悼式」が行われた【写真5】。翌二月二十八日には北朝鮮出身の一柱を除く七十四柱が祖国返還された。一九一九年から百年後の二〇一九年三月一日に、ソウル市市庁前で儀式を行い、龍山白凡金九記念館で「強制動員犠牲者遺骨奉還追悼式」が開催された。三・一独立運動の百年後に大隅実山が慰霊と供養をした岡山の遺骨が、第一号として祖国に返還されることになった。『毎日新聞』（二〇一九年二月十六日）に掲載された記事には「徴用工ら七十四遺骨祖国へ」という見出しで、岡山で収集した朝鮮出身無縁仏、返還の住職平和の象徴にとある。「大隅さんは戦前にソウルなどで布教活動に携わり、皇民化政策に関わった悔悟と自責から長く遺骨返還に取り組んだ。長女の佐々木妙子さん（67）

写真５．大阪市天王寺区にある統国寺で大隅実山の遺影を抱く次女・大隅経子と著者　（撮影下山宏昭）

と次女大隅経子さん（65）は『父は朝夕のお経に返還への思いをいつも込めていた』と振り返る」と記されている。遺骨は、三月二日に済州島の仙雲精舎（チョンウンチョンサ）に仮安置された。今後は、北緯三十八度線の非武装地帯が平和地帯となったとき、平和公園に安置する予定である(5)【写真6】。

先の大戦は今なお終わってはいない。植民地支配と戦争の被害を背負って、戦後生きなければならなかった人がいて、その長い闘いが今なお続いている。戦前、京城大和塾に関わった大隅実山の自責の念が、戦後における遺骨の慰霊と供養、そして返還に大きく貢献したのである。大隅実山の願いは一応実現されたが、現在も済州島の仙雲精舎には、遺骨を引き取りたいという遺族からの問い合わせが寄せられている。その意味においても、「植民地支配」と「戦争」は、まだ終わっていないのである。

大隅実山と出会い「大和塾をさがす旅」を通して、在日韓国人として生きていく意義を著者は改めて見出すことができた。これから、真に戦争を終わらせるためにも、大隅実山の遺志を継ぎ、学生をはじめ多くの日本人に正しい歴史を伝えていきたい。二〇二四年

写真６．㊧仙雲精舎納骨堂　㊨韓国の済州市仙雲精舎に仮安置された遺骨　（撮影著者）

春には、歴史を忘れないために「朝鮮人受難碑」三十周年碑前祭を開催した。

このように、忘れられた人々の足跡をたどる旅をしてきたが、歴史を明らかにして伝えていくことが、著者の使命であることを痛感した「大和塾をさがす旅」であった。

注

（1）吉田裕編『アジア・太平洋戦争辞典』吉川弘文館　二〇一五年　二〇六頁

（2）久保井規夫『入門朝鮮と日本の歴史』明石書店　一九九六年　一〇二頁

（3）『監理教神学大学史』韓国教育図書出版　一九七五年　一三四頁

（4）姜徳相『朝鮮人学徒出陣』岩波書店　一九九七年　一七〇頁転用

（5）拙稿「大隅実山師の遺徳を偲んで」『岡山の記憶第二十二号』二〇二〇年　七二頁～七三頁

第九章　在日を生きる

一　解放と帰国

一九四五年八月十五日、日本は敗戦を迎える。それと同時に韓国・朝鮮の民衆は独立と解放を勝ち取った。当時、日本本土には多くの強制連行された人々や、やむなく日本に渡った人々を含めて約二百十万人もの韓国・朝鮮人がいた。解放と同時に韓国・朝鮮の民衆は、祖国を目指して帰国する。この時、日本政府と連合国軍最高司令官総司令部は、韓国・朝鮮の人たちを祖国へ帰すという責任を果たさなかった。そのため、混乱する日本において、自分たちの力で船を手配し、韓国・朝鮮人は帰国したのだ。炭鉱や工事現場で酷使されていた民衆も、団結して立ち上がる。韓国・朝鮮人が暴動を起こしたということで、警察や自警団が襲う場面もあったが、このような妨害を跳ね除けながら、翌一九四六年三月までには、約百四十万人が帰国を果たす。その後、日本政府は総司令部の指令に基づいて、残留している韓国・朝鮮人約六十五万人に帰還希望者の調査をしたところ、約五十万人が帰国を希望していた。しかし、実際には約八万人しか、帰国することができなかった。

一九四五年八月十五日の日本の敗戦と同時に、朝鮮は解放され独立した。しかし、帰りたい祖国は旧ソ連とアメリカにより占領され、南北に分断されていく。そして、一九五〇年からは朝鮮戦争により朝鮮全土が戦場となり、帰国できない状態となった。こうして、約六十万人もの韓国・朝鮮人が、祖国に帰ることができずに、日本に残ることになったのである。

その主な要因は、祖国がソ連とアメリカによって占領され、南北に分けられ混乱したためである。一九四八年四月、南部だけの大統領選挙に反対する運動が朝鮮全土で起こり、済州島（チェジュド）では民衆が武器をとりアメリカ軍と戦う。これが「四・三事件」である。その後、南部だけの選挙が行われ、そしてついに朝鮮戦争が起こった。祖国に帰還した人も、日本に逆流したい状況に陥ったのだ。また、長い間日本の植民地とされていたため、日本本土で長く生きた人たち、日本で生まれ育った在日たちが多くいた。祖国で田畑を奪われ日本へやってきた人たちは、混乱する祖国で一からやり直すことに大きな不安を感じた。このような理由で、約六十万人の韓国・朝鮮人は解放後も日本に残って生きることになったのだ。祖国の混乱や朝鮮戦争、また帰国後の不安を抱いた人たちは在日韓国・朝鮮人として、日本で生きていくしかなかった。

戦後日本で生きていく場合、韓国・朝鮮籍か日本籍か、あるいは二重国籍かなど、留まった人の国籍選択があるが、日本政府はその問題をあいまいにする。一九四七年五月二日、総司令部の指示のもとに公布された「外国人登録令」で、「朝鮮戸籍令の適用を受けるべきもの」に対しては「適用については当分の間外国人とみなされる」として外国人登録が義務づけられた(1)。それ以外の在日の中には、分断した両国と、日本が国交回復をしていないので国籍選択を認めず、一時無国籍状態となった人もいる。さらに、植民地政策で無理やり日本国籍にしばりつけた日本政府は、一九五二年に日本国籍を一方的に剥奪する。四月二十八日「外国人登録令」を引き継いだ「外国人登録法」を制定し公布して、在日韓国・朝鮮人が外国人であることを確定した。要するに、旧植民地出身者は、日本国籍を喪失し外国人であるという見解を打ち出したのだ。

そのような在日韓国・朝鮮人に対して、他の外国人とは別に永住権などの在留資格を、日本政府は法律に加え定めてきた。一九五二年から二〇一二年まで適用された「外国人登録法」、これにより外国人登録証明書というものを携帯することになる。一九五五年に、「外国人登録証明書」の指紋押捺が始まる。この指紋押捺は、犯罪者が行う行為だということで、多くの在日の人たちが反発を覚え、反対運動を起こす。この外国人登録法によって、十六歳からは指紋を取られた。また、永住が許可されていても、国外へ追放や強制撤去される場合もあった。

在日韓国・朝鮮人に対し、指紋押捺や外国人登録証明書とその常時携帯を強制し、従わなければ懲役や禁錮刑、罰金などで弾圧したのである。それに対して、指紋押捺の反対運動を在日は繰り広げていき、これに押された日本政府は一九八二年に三年ごとの指紋押捺を五年に一回に切り替え、さらに一九八七年六月からは最初の一回だけにした。そして、一九九二年に永住者については廃止し、最終的に二〇〇〇年には指紋押捺は全廃し、「外国人登録法」の法律自体も二〇一二年に廃止した。しかし、二〇〇七年に「指紋採取の改正入管法」という法律が施行され、外国人が入国する際には指紋で確認を行うということが、現在でも続いている。在日韓国・朝鮮人は税金を納めて法律を守る義務は日本人と同じであるが、権利は日本人と同じようには守られていない。つまり、義務はあるが、権利はないのだ。

一九六五年に日韓国交正常化を果たす。その二十年後の一九八五年には在日韓国・朝鮮人が約六十九万人、日本に住む外国人の八二パーセントを占めていた。約七十万人もの人たちが、戦後四十年在日韓国・朝鮮人として日本に暮らしていたが、その人たちのほとんどは、日本で生まれ育った在日二世三世の人たちである。その結果、生まれた時から日本の習慣で暮らし、韓国・朝鮮語も知らない、祖国に帰ったことがないという人たちが増えている。しかし、韓国・朝鮮人として日本の社会で生きていく上では、困難で苦しい生活を強いられた。就職や結婚で根強い差別をする日本人は多く、日本政府も在日韓国・朝鮮人に対しては、権利を制限するなどして、自由を奪っていった。日本人と同じような生活や権利を求め、毎年多くの在日韓国・朝鮮人が日本に帰化している。日本の国籍を取り、法律で日本人としての権利を得るためである。

帰化申請のときに法務局は、名前を日本名に変えるように指導している。帰化する理由は、子供が民族差別を受け苦しまないため、就職のため、銀行の融資を受けるためなどである。日本国籍を取ったとしても、韓国・朝鮮人が民族の誇りを失ったわけではない。しかし、帰化してもなお、日本社会は差別するのだ。

二〇二四年に公布された入管法改正によって、永住許可の取消しが容易になり、「永住者」として生きる在日の立場を、現在も不安定にしている。日本に韓国・朝鮮人が住むことになったのは、日本が侵略して植民地にしたからである。このことを踏まえて、在日韓国・朝鮮人と日本人が共に差別のない社会を作ることが、今後は重要である。今なお、民族差別が根強い日本社会で、帰化する在日韓国・朝鮮人は増えている。また、在日韓国・朝鮮人であっても、それが言えないという人たちも多い。それに対して、日本人でも韓国人でもない独立した存在である在日コリアンやコリアン・ジャパニーズという人たちが増えている。そのことからも、民族にこだわらず、共に暮らせる多文化共生の世の中になることを切に願う。

二　在日外国人教師

私は今年の春から本名で勤務することにしました。「本名で勤めてくださ い。大切なのは、生徒と一緒に頑張ってくれることです」という採用時の校長先生の言葉をいただいて以来、十年目にしてやっと「全円子（チョンウォンジャ）」という名前と正面から向き合えるようになったからです。「先生、どうして名前が変わったの」という生徒の素直な問いかけに対して、「これが本当の名前なのよ」と答えています。

私を含めて、日本で生まれた在日韓国人が、外国人であることを意識させられるのは、十五歳になる前のある経験からだと思います。その経験とは、外国人登録証明書を作成する時の指紋押なつや、それを常に携帯し、五年に一度切り替えをしなければならないことです。私は学生時代に、日本の学校では通称名（田中円子）を使い、あたかも日本人であるかのように振る舞いながらも、外国人登録証明書を肌身に離さず携帯することで、在日であることを自覚させられるという屈折した生活をしていました。

そのような私も、いつしか「日本の学校で教職に就きたい」という志を抱き、教職課程取得に取り組みました。大学四年生の春に、教職専門の教授から「あなたの採用は、出身校以外に可能性はない。他の学校は、あなたを絶対に採用しない」という忠告があり、憤りを覚えました。それは教授に対してではなく、もっと大きな社会制度に対して―。

私は、出身の岡山県で私立学校の採用試験に挑戦しましたが、何度も不採用の通知をもらい落ち込みました。しかし、当時は県立高校の場合、外国人は受験不可能だったので、ここで頑張るしかないと思い希望を持ち続けました。

現在の私立高校に採用が決まった時の喜びはひとしおのものがありました。その際、校長先生の「本名で勤めなさい」という言葉は、在日の今後の在り方を明示する大切なものでしたが、当時の私は日本の社会が、私という在日の存在を受け入れてくれるかどうか不安でした。

在日の中でも、就職を機に日本に帰化する人も少なくはありません。はたして教育現場はどうなのか――。年月は流れ、生徒とともに過ごす中で、私は大きく成長させていただきました。肩の力も次第に抜け、在日を含めた生徒たちと社会部でのサークル活動を始めました。

そして、一九九四年夏季休暇中に韓国への研修旅行が実現したのです。金浦空港に近い高校を訪問したのは八月後半で、既に二学期が始まっていました。教室にいるはずの生徒たちが、私たちを見ては群がってきて、片言の日本語で話しかけてきたのです。運動場で校長先生らと記念撮影した後、生徒たちが本館の窓から身を乗り出し、「ありがとう、さようなら」と大きく何度も手を振っていました。

反日感情を抱く韓国人が少なくない中で、この生徒たちの屈託のない表情は、両国のはざまで生きる私に、明るいきざしを与えてくれました。ともに両国の懸け橋になれるかもしれない――。

自分がありのままの自分で生きられる今、私には通称名は不要となりました。実際の自分を、自分や他人に隠して生きなくてもよいと知ることによって、違う国の人とも、お互いに気持ちよく存在し合えるのではないでしょうか。(2)

三　スポーツ界と「国籍」

インターハイと呼ばれる全国高校総合体育大会は、高校野球の甲子園大会と同様に、スポーツをする高校生にとって青春のシンボルともいえる大会です。高校生たちは代表権を獲得するため、日ごろから力と技を磨き、指導者とともに緊張感を高めて予選大会に臨みます。

現在、私は岡山県学生卓球連盟の副会長として、微力ながら貢献させていただいていますが、大学生のインカレと同じように、このインターハイは国籍という枠を超えた大会として評価されるべきものです。

私は小学校四年生の時にスポーツ少年団で卓球を始め、中学校で本格的に技を磨こうと、卓球の名門校へ進学しました。ところが中学三年の夏、私に深刻な衝撃を与える出来事が起こりました。それは、夏休みに出場するはずだった全日本選手権大会の県予選に、在日韓国人の自分だけが国籍の関係で参加することが許されなかったことです。

卓球選手として将来に大きな夢を抱いていた私は、この思いもよらぬ事態に大きな衝撃を受けてしまいました。「何も知らなかった…。」予選当日は晴れない気持ちのまま審判員として参加しましたが、「優勝を目標に練習してきたのに、どうして審判しかさせてもらえないのか！」と涙をこらえるのがやっとでした。見捨てられたような気持ちを抱きながら帰宅の途につき、玄関を入った途端、我慢できず号泣したのを今でも鮮明に覚えています。

一九八一年に高校に入学しましたが、全日本選手権大会と同様、国民体育大会にも参加資格がありませんでした。このため国体予選の当日を含めた前後に、顧問の先生の温かいご配慮で、一人で県外遠征に行かせていただきました。

そのころ、日本卓球協会は在日外国人の参加資格問題で大変もめていました。国体予選の直前に私も参加してもよいということになったのですが、私は既に拒否反応を起こしており、結局出場しませんでした。その拒否反応も時がたったせいか、近ごろは緩和し、本来のスポーツの在り方を別の視点でとらえられるようになりました。

一九九一年四月、卓球の世界選手権千葉大会において、国際卓球連盟の故荻村伊智朗会長は平和外交を進め、南北コリアチームを結成させました。その統一チームが女子団体戦で大奮闘し決勝で常勝の中国を大激戦の末打ち破ったのです。わずか四十日間の合同練習の中での勝利でした。日本人の手によって実現した夢の大会ともいえる熱気あふれる会場で、韓国と北朝鮮と日本人の三者の応援の渦の中、一人で観戦していた私は最終の新幹線の時刻も忘れ、とめどもなく涙を流していました。

現在、全日本選手権大会では外国籍選手の出場枠が広がってきました。国体も各種条件はありますが、日本国籍を有しない者も参加できるようになり、さらに私たち在日韓国人のように在日同胞として母国の国体に出場できるケースもあります。

日本で育った在日外国人が母国の代表として世界大会に出場したり、逆に外国で鍛えた日本人選手が日本代表で活躍する姿を、夢に描くことはとても楽しいことです。国籍という枠を取り払い、ひとりの人間として、スポーツマンとして勝敗を争う場こそ大切なのではないでしょうか。(3)

四　ルーツを探る旅—済州島での出会い—

父の故郷である済州島へ親族訪問したのは、著者が大学を卒業してからだ。

祖先の墓参りなどで、年に数回も済州島に両親は行っており、その様子は日ごろから聞いていたので知っているつもりであった。しかし、「百聞は一見に如かず」というように、祖国の地を実際に踏むことで、今までの価値観やアイデンティティーが大きく揺らいでいくのを実感する。それまでも確かに、父方の在日韓国人の親戚と、母方の日本人の親戚の間に、在日社会と日本社会の大きな差異を感じていた。やっと自分自身のルーツと巡り合うことが出来たような、感慨深いものが済州島訪問にはあった。そして、父や親戚たちが、何故海を渡って日本にやってきたのかを探るようにもなるのである。

一九三一年に済州島の西金寧里（ソクンニョンニ）に父全斗一（チョンドゥイル）は生まれる。祖父は、その当時大阪で商売をしていた。

一九三九年から六年間、父は金寧里国民小学校に通った。隣の家に住んでいた日本人の先生には、その後父が日本に渡来する際に、大変お世話になったそうだ。一九四五年から三年間金寧里中学校に通うが、この頃済州島は国の独立と同時に大きな事件に巻き込まれていた。一九四八年に中学校を卒業した父は、翌年軍隊に入隊し、その後朝鮮戦争に参戦する。戦争中、注射や車の運転ができたため、父は釜山の病院部隊に勤めることになった。釜山に配属されたので、生き延びることができたのかもしれない。朝鮮戦争後も軍隊にいたが、一九五五年に伯父が住む神戸に向かうために、釜山港から一人で船に乗った。

伯父は、一九三一年十三歳の頃に祖父が住む日本に渡来した。しかし、日本の戦争が激しさを増したため店を売って船を買い、一九四五年七月に徳山から釜山港へ向かう。帰国後、戦争は終わったが、独立もつかの間、一九四八年済州島で起こった「四・三事件」で伯父は右翼ににらまれ、命がけで船に乗り、今度は日本に逃げることになった。三十歳の伯父が、神戸の親戚の家に命辛々たどり着いた時には、足の裏がウニの棘で真っ黒だったそうだ。その痛みを感じないくらい、必死に逃げ延びた。著者は、済州島に親族訪問をした時、初めてこの「四・三事件」を知ることになったのである。

事件を経験した親戚によると、一九四五年以降無政府状態の中で、済州島では左派勢力がいち早く勢力を伸ばした。親戚が中学一・二年生の頃は、金日成（キムイルソン）の歌を学友から習って覚えたという。米国の軍事下であったので、表面的には右派（資本主義）が支配せざるを得なかったが、ついに左派と右派による政権争いが生じてしまう。一九四八年頃から、右派の勢力が強くなり、左派が武力を用いて反発するようになる。そして、「三・一節」記念式典が観徳亭（クァンドクチョン）で行われた折に、左派がデモをしたのだ。それまでは、左派勢力が力を持っていて、人民委員会が成立していた。多くの住民が影響を受けていたが、それが弾圧された後の集会であったので、左派によるデモが生じた。その左派勢力に対して、韓国警察が発砲してしまい、これにより一名が死亡する。その後、四月三日翰林（ハンリム）警察署が左派によって襲撃される。これが、いわゆる「四・三事件」である。

その後の一九四八年夏頃、陸軍第九連隊のうち一部の左派が反乱を起こし、約百五十名で慕瑟浦（モスルポ）警察署を襲撃する。そして、そのまま漢拏山（ハルラサン）に登り、武装勢力の主力部隊となっていった。山間部落の住民が食料を調達するが、その人たちが共産党（民愛青）などの団体に入れられてしまう。住民のほとんどが、加入しなかったのだが、仕方なく入った山間部落の弱い立場の英雄たちが、その後名簿で調べられて虐殺された。戒厳令が敷かれ容赦なく殺されたのである。漢拏山の武装兵の処罰は、一九四八年から朝鮮戦争が終わる一九五三年まで続く。この事件では、思想的な活動家でない、イデオロギーに左右されない多くの一般人が、左派の団体に強制的に加入させられて犠牲になった。主導した人たちの中には、北朝鮮や日本に逃れた人もいる。

父は、当時中学生で強制的に加入させられそうになったが、祖母が「名簿にサインを絶対するな」と目で合図したので、難を逃れることができたのである。金寧里中学校の通学路にある畑の中に、多くの遺体が折り重なっていて、その中には舌を切られた遺体もあった。しかし、それらに土をかければ、今度は自分も疑われるので、葬ることさえできなかったと、父は語った。警察同士でも相手をスパイではないかと疑って、殺し合っていたので、その時の父は全てを信じることができなかったのだ。山岳部隊のリーダーである李徳九（イドック）の遺体は、広場にドラム缶を二つ置き、その上で一日ほどさらされていた。彼は、立命館大学で学んだ二十八歳の青年であった【写真1】。

この済州島での親族との出会いは、様々な意味において、著者にとって衝撃的なものとなる。父の幼年期・思

写真1．韓国の済州島済州市の「四・三事件犠牲者慰霊塔」（撮影岡山放送）

春期・青年期は祖国の混乱と共にあった。日本の植民地時代から「四・三事件」、そして朝鮮戦争へと、大変な苦労を経験してきた父や親戚たちだが、悲愴感を感じない。明るい笑顔で迎えてくれた。その笑顔は、過酷な時代を生き抜いて身につけた強靭な精神力が、源だったのだと思う。親族訪問の旅は、済州島の歴史を知り、ありのままの自分を受け入れ、在日韓国人として、日本で生きていく覚悟をもつきっかけとなった。

五　在日を生きる

「日韓基本条約」が締結され国交正常化を果たした一九六五年六月に、在日韓国人一世の父と日本人の母との間に、著者は在日韓国人二世として日本に生まれる。いわゆる、ダブルである。父が韓国人であるため、母方の祖父が結婚を認めなかったので二人は岡山に逃げ、この地で生活を始めたのだ。著者が物心つくころは、母方の親族とは縁を切られた状態だった。在日韓国人として生きていく上での差別が、自分の親族内から始まっていることが理解できた。植民地支配や戦争時代を生き抜き、異国で仕事をするという大変苦労の多い人生だった父は、通称名「田中」のままで亡くなる。

ダブルである著者は、ためらいもなく韓国籍を選んだ。国籍の壁を乗り越え教職に就き、生徒たちと日韓近代史に埋もれている人を掘り起こして、足跡を調べるという活動を行い、そのような人々に出会える喜びを感じるようになる。さらに、父の故郷済州島の歴史や親族との出会いを通じて、ありのままの自分を受け入れ、本名と向き合えるようになった【写真2】。

「私は全円子（チョンウォンジャ）と言います。在日韓国人です。日本で生まれ、日本で先生になりました…」と、よどみない自己紹介から、著者は現在も教壇に立つ。在日や日本人学生をはじめ、多くの留学生やニューカマーの人たちと、東アジアの歴史と文化を学びながら、互いの違いを認め合い共存できる環境や社会をつくる手だてを講じる。それは、在日韓国人である自らの生きがいや使命感とも重なり合う。

済州島で生まれ海を渡ってきた在日一世の父は、本名を名乗ることが出来なかった。その後、日本で生まれた著者は在日二世であるが、差別を乗り越え「本名」を封印せず、ありのままの自分を受け入れることができた。これは一世と二世の違いである。現在、約四十五万人の在日韓国・朝鮮人が日本にいる。今後は、在日韓国・朝鮮人の存在を理解し、同化を求めず、差別のない日本社会をつくることが重要である。

写真２．韓国の済州島済州市旧左邑金寧里を訪れる著者　（撮影岡山放送）

注

（1）梶村秀樹著作集第六巻『在日朝鮮人論』明石書店　一九九三年　二五六頁

（2）拙稿「論壇　国際化（上）」『山陽新聞』一九九八年六月八日

尚、②と③の文体は原載のままとした。

（3）拙稿「論壇　国際化（中）」『山陽新聞』一九九八年六月二十二日一部加筆修正

おわりに―近くて近い国に―

韓流ブームの中心にあるのは韓国ドラマ・映画・音楽だが、それまでは日韓の関係で支配的なものは、日本の大衆文化である。なぜなら、韓国側に日本の大衆文化が流入しており、例えば特定の歌手に制限するなどして、韓国側がその流入を阻止しようとする動きがあった。それに対して、多くの日本人が隣国の作品に集中的に接した経験が今までになかったし、多くの日本人女性が隣国の俳優に関心を示すこともなかった。

戦後の日本人が隣国に関心を寄せ始めたのは、七十年代のことである。それは朴正熙政権から次の政権に移り、それまでの政治に対する否定的な関心はあったが、隣国を知ろうとする日本人の意識が希薄だった。一九八〇年代に入り、ソウルオリンピックの開催決定や八七年の民主化宣言を契機に、韓流ブームが次第に起こってきた。ソウルオリンピックは一九八八年に大成功を収める。オリンピック開催を機に韓国の音楽が日本に紹介され、韓国語を習いたいという人も出てきた。しかし、それらは大衆一般ではなく、少し関心を寄せる人が中心であった。それでも、音楽歌謡や映画など、隣国への関心層が政治的なものから、文化的なものへと変わっていったのである。

その後、歴史認識問題が浮上して、両国の関係が悪化するが、それを経て、二〇〇一年に大きな出来事が起こり話題となる。JR新大久保駅でホームから酔って転落した客を救おうとして、犠牲になった韓国の留学生李秀賢（イスヒョン）とカメラマンの関根史郎のことである。自分の命を投げうってでも人を助ける韓国の青年李秀賢は「韓国と日本の懸け橋になりたい」と日本に留学した。「君（あなた）を忘れない」という二人をモデルにした映画にもなり、李秀賢と関根史郎を偲んだ。事故後、悲しみに耐え「これから私の人生は息子の意思を継ぐことです」と秀賢の意思を継ぎ、日韓の交流親善に力を注いだ両親の人徳に、多くの日本の人は惹かれていった。韓国に対するイメージが、李秀賢とその両親の姿により、肯定的な見方に変わったのである。JR新大久保駅構内には現在、二人の崇高な精神と勇敢な行為をたたえたプレートが、東日本旅客鉄道株式会社によって設置されている。そのプレートの右下に、韓国語のメッセージが、小さな紙に記され貼られていたので紹介する。

「六、九七五日前、あなたの犠牲は忘れられません。故李秀賢さんの精神のおかげで、韓日関係が再び良くなることを祈ります。

二〇二〇・三・一韓国から来た青年二名」【写真1】。

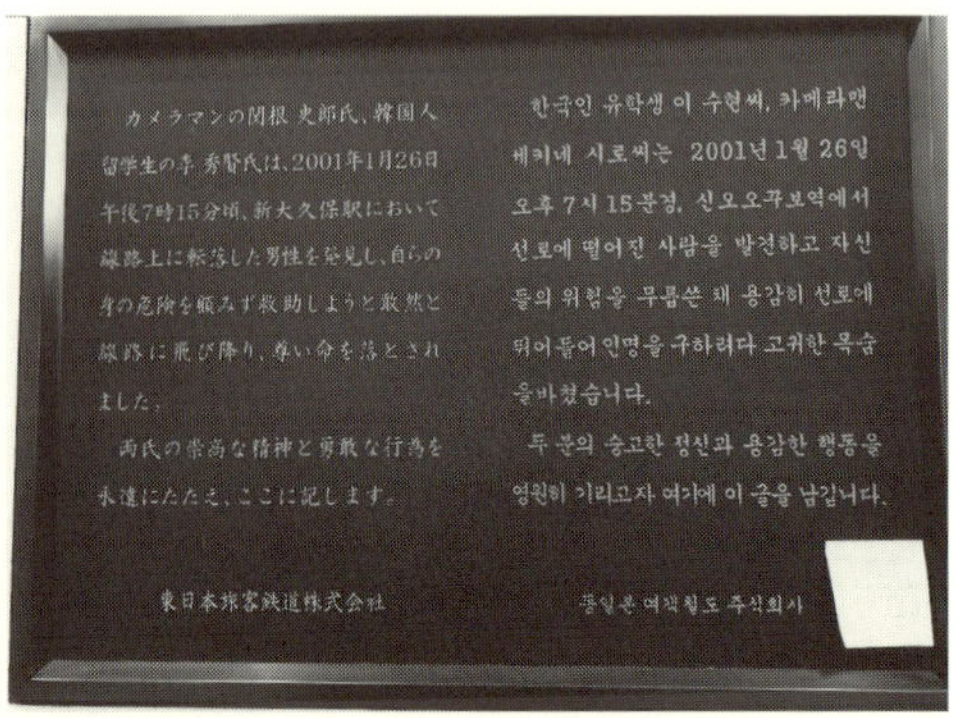

写真1．JR新大久保駅構内に設置されている追悼・顕彰プレート　(撮影著者)

翌年、二〇〇二年サッカーワールドカップの開催で、若い世代の人たちが韓国に関心を寄せた。日本のサポーターが韓国チームを応援し、韓国のサポーターが日本チームを応援する。日韓両国で開催されたワールドカップで、若い人たちが隣国に関心を示すようになった。

そして、二〇〇三年に巻き起こったのが韓国のドラマブームである。「冬のソナタ」のヨン様ブームだ。今度は、中高年の女性たちがブームの主役になっていく。この新しい韓流ブームの意味は大きい。肯定的なものであれ否定的なものであれ、韓国人の日本に対する思いの方が今までは強く、それを阻止しようとしていたが、韓流ブームで同等なものになった。それは喜ばしいことである。しかしその一方、「ヨン様で真の韓国が本当に理解できるのか」という意見もある。韓国のドラマブームでロケ地やファンミーティングに出かける多くの中年層の姿を見て、負の歴史である「キーセン観光」を思い出すという発言もあった。私たちの心の中には隣国を、肯定的にも否定的にも見得る材料が十分にある。

現在は、『パラサイト 半地下の家族』という映画や、「ＢＴＳ」というヒップホップの音楽グループが人気を博し、韓流文化は世界的にも認められている。韓流ブームは、日韓双方への見方が同等になった第一歩として喜ばしいことである。しかし、それだけにとどまらず、韓流文化の波が押し寄せる現代だからこそ、過去の歴史の中で、綺羅星のように存在した、日韓・日朝の友好関係を築いてきた人々に想いを巡らせることが、今後の交流において大切なのではないだろうか。

歴史に埋もれた人たちの足跡をたどり、想いを巡らせる。歴史の中に、これから生きていく指針が隠されている。つまり、歴史の中にこそ未来の友好交流の手立てが横たわっているのだから。

最後に、本書を出版するためにご尽力くださったのが、石田米子岡山大学名誉教授（東洋史）で、親身で適切なご助言をいただいた。著者が、社会部の生徒と日韓の問題に取り組む様になった頃から、石田先生は活動を常に支援してくださった。心から感謝を申し上げたい。

また、作文教室で活動されている先輩北川久美子先生のご協力のもとに、在日韓国人二世の私が、日本において本書を形にできたことは、感慨無量で光栄なことである。

末筆ながら、本書の刊行を快く引き受けてくださったふくろう出版の亀山裕幸氏、敬愛する松田希代子氏に深く御礼を申し上げる。また、この度の改訂にあたって多くの方々にご助言をいただいたことに、心より深謝を申し上げたい。

二〇二五年三月十日

全　円　子

参考文献一覧（著・編者五十音順）

第一章　仏教伝来と渡来人　秦河勝

金達寿『日本古代と朝鮮』講談社　二〇一九年
金両基『物語　韓国史』中公新書　二〇一七年
小林慶二『韓国』高文研　二〇〇〇年
崔季煥・崔延伊・張敬根（監訳全円子）『人が動く』西日本法規出版　二〇〇四年
坪井清足『飛鳥寺』中央公論美術出版　二〇一五年

第二章　沙也可と沈壽官（シムスグァン）

小林慶二『韓国』高文研　二〇〇〇年
金達寿『古代朝鮮と日本文化』講談社　二〇一七年
金在徳『沙也可の謎を解く』圖書出版북랜드　二〇〇〇年
佐賀県立名護屋城博物館『佐賀県立名護屋城博物館　展示案内』二〇二一年

第三章　海を渡った外交僧　松雲大師（ソンウンデサ）

金文子「壬辰倭乱中の講話交渉と松雲大師の役割」『松雲大師と徳川時代の朝鮮通信使』論文集

二〇〇四年
高麗美術館「朝鮮通信使と京都―『誠信の交わり』への道―松雲大師と雨森芳洲」二〇一三年
小林慶二『韓国』高文研　二〇〇〇年
佐賀県立名護屋城博物館『佐賀県立名護屋城博物館　展示案内』二〇二一年

第四章　対馬藩と外交官　雨森芳洲

牛窓町教育委員会『牛窓と朝鮮通信使』一九八八年
倉地克直「岡山と朝鮮通信使」『松雲大師と徳川時代の朝鮮通信使』論文集　二〇〇四年
佐賀県教育委員会「誠信の交わり」佐賀県立名護屋城博物館　一九九七年
申維翰『海游録―朝鮮通信使の日本紀行』姜在彦訳注　平凡社　二〇〇三年
全円子・徐沇廷「牛窓における『韓ことば』―朝鮮通信使をどのように伝えるか―」『岡山商大論叢第五十五巻第三号』二〇二〇年
仲尾宏『朝鮮通信使』岩波新書　二〇一七年
仲尾宏・町田一仁『ユネスコ世界記憶遺産と朝鮮通信使』明石書店　二〇一八年
西川宏『岡山と朝鮮』岡山文庫　一九八二年

第五章　半井桃水（なからいとうすい）と朝鮮

上垣外憲一『ある明治人の朝鮮観―半井桃水と朝鮮関係』筑摩書房　一九九六年
杵淵信雄『福沢諭吉と朝鮮―時事新報社を中心に』彩流社　一九九七年
久保井規夫『入門朝鮮と日本の歴史』明石書店　一九九六年
塚田満江『半井桃水研究　全』丸の内出版　一九八六年
拙稿「半井桃水と樋口一葉―樋口一葉における韓文化の影響―」『赤羽淑先生退職記念論文集』二〇〇五年
拙稿「半井桃水の人と文学」『岡山商大論叢第三十九巻第三号』二〇〇四年

第六章　安重根（アンジュングン）の遺墨と津田海純

安重根義士記念館『大韓國人　安重根義士』一九九五年
安重根義士崇慕會『壮烈千秋』一九九七年
市川正明『安重根と朝鮮独立運動の源流』原書房　二〇〇五年
イザベラ・バード『朝鮮紀行』講談社　二〇一一年
李洙任・重本直利「共同研究　安重根と東洋平和」明石書店　二〇一七年
君島和彦・坂井俊樹・鄭在貞『韓国』梨の木舎　二〇〇三年
久保井規夫『入門朝鮮と日本の歴史』明石書店　一九九六年

シン　ホンスン『安重根』芸術の殿堂　二〇〇九年十月二十六日
角南宏「浄心寺周辺—安重根とその時代—」らぴす　一九九八年
拙稿「笠岡市浄心寺と安重根の書」在日外国人にかかわる教育問題研究委員会　二〇〇四年
拙稿「安重根の『東洋平和論』」『工藤進思郎先生退職記念論文・随筆集』二〇〇九年

第七章　韓の人々の心に寄りそった日本人　浅川巧

君島和彦・坂井俊樹・鄭在貞『韓国』梨の木舎　二〇〇三年
金炳宗「浅川巧の忘憂里」『朝鮮日報』一九九九年五月十日
小林慶二『韓国』高文研　二〇〇〇年
杉山享司「柳宗悦と朝鮮との関わりをめぐって」『民藝第七五九号』二〇一六年
拙稿「アジアから見た日本文学」『清心語文第十号』二〇〇八年
高崎宗司『朝鮮の土となった日本人』草風館　二〇〇二年
高崎宗司『浅川巧全集』草風館　一九九六年
波田野節子『李光洙—韓国近代文学の祖と「親日」の烙印』中公新書　二〇一五年

第八章　大和塾をさがす旅

林鐘国『新日文学論』高麗書林　一九七六年

上垣外憲一『日本留学と革命運動』東京大学出版会　一九八二年
姜徳相『朝鮮人学徒出陣』岩波書店　一九九七年
監理教神学大学『監理教と神学大学史』韓国教育図書出版社　一九七五年
久保井規夫『入門朝鮮と日本の歴史』明石書店　一九九六年
下山宏昭「震えた日々の記憶」『岡山人じゃが2』吉備人出版　二〇〇五年
拙稿「大隅実山師の遺徳を偲んで」『岡山の記憶第二十二号』二〇二〇年
拙稿「親日文学作品の中の迎合と抵抗」『清心語文第九号』二〇〇七年
洪宗郁「戦時期朝鮮における思想犯統制と大和塾」韓国朝鮮文化研究　二〇一七年
水野直樹「戦時期朝鮮における治安政策―『思想浄化工作』と大和塾を中心に―」『歴史学研究』第七七七号　二〇〇三年
水野直樹・文京洙『在日朝鮮人』岩波新書　二〇一九年

第九章　在日を生きる

梶村秀樹著作集第六巻『在日朝鮮人論』明石書店　一九九三年
久保井規夫『入門朝鮮と日本の歴史』明石書店　一九九六年
下山宏昭「鏡の中の自画像」『岡山人じゃが二〇一五』吉備人出版　二〇一五年
拙稿「論壇　国際化とは（上）」『山陽新聞』一九九八年六月八日

拙稿「論壇　国際化（中）」『山陽新聞』　一九九八年六月二十二日
田中宏『在日外国人―法の壁、心の溝―』岩波新店　一九九八年
文京洙『済州島四・三事件』岩波書店　二〇一八年

おわりに―近くて近い国に―

鄭大均「対等な眺め合いへ一歩」『朝日新聞』　二〇〇四年九月十四日

引用図表

「日本列島と朝鮮半島との交流史」略年表『佐賀県立名護屋城博物館　展示案内』佐賀県立名護屋城博物館　二〇一一年

「日本列島と朝鮮半島との交流史」略年表

時代	年	日本列島と朝鮮半島の関係	日本国内及び周辺の主な出来事
旧石器		約四万年前に日本列島に人が住み始める（東松浦半島で約三万年前の生活の跡）	
縄文	**約一万六千年前**	氷期が終わり、海面が上昇して**日本列島が形成**される	
		朝鮮半島の「櫛目文土器」と日本列島の「曽畑式土器」との間に類似性	
		腰岳（佐賀県伊万里市）産の黒曜石が朝鮮半島西部の遺跡から出土	
		朝鮮半島東・南沿岸と北部九州との間に共通の漁撈文化の存在	
弥生	**前四～前三世紀ごろ**	**稲作・金属器が北部九州に伝来**し、日本列島に農耕生活が始まる	吉野ヶ里遺跡
		環濠集落・支石墓・磨製石器・丹塗磨研土器などの朝鮮半島系の文化が定着	
	前一世紀ごろ	倭人は百余国にわかれ、一部の国は前漢の楽浪郡に朝貢する	前一〇八 前漢武帝、楽浪など四郡設置
			五七 倭の奴国が後漢に遣使し、印綬を受ける
			二三九 卑弥呼が魏に遣使し、印綬を受ける
			三一三 高句麗、楽浪郡を滅ぼす
古墳	**三九一～**	**日本、高句麗と交戦**（～四〇四／高句麗好太王碑文（四一四））	
		王仁・阿知使主・弓月君らが渡来（王仁が『論語』『千字文』を伝える）	
	五世紀ごろ	渡来人が漢字・儒教・須恵器などをともなう文化を伝える	五世紀ごろ「倭の五王」たびたび中国の王朝に遣使
		さまざまな技術を持つ**渡来人**たちがヤマト政権に組みこまれていく	
	五一三	百済より五経博士渡来	
	五二七	筑紫国造磐井の乱（加耶復興に向かう近江毛野軍を阻む）。翌年物部麁鹿火により平定	
	五三八	欽明天皇時代に、百済の聖明王が仏像・経論を伝える**（仏教公伝）**（五五二年説もあり）	
	五四〇	渡来人の戸籍を編む	五六二 加耶（加羅）が新羅に滅ぼされる
飛鳥			

朝鮮半島	原三国、高句麗	百済、加耶（加羅）、新羅、高句麗
中国	殷、周、春秋 戦国、前漢 新 後漢、魏・呉・蜀	西晋、南北朝、隋

古墳・飛鳥	六〇二	百済僧観勒、暦法・天文を伝える　六〇七 小野妹子を隋に派遣（冊封体制離脱）
	六一〇	高句麗僧曇徴、紙・墨・絵の具の製法を伝える　三〇 第一回遣唐使
	六六三	**白村江の戦い**（日本・百済軍が唐・新羅軍に大敗）　六〇 百済、唐・新羅により滅亡
		六八 高句麗滅亡　七六 新羅、朝鮮半島を統一
		七世紀 ヤマト政権、律令制導入・日本統一進展
奈良	**八世紀**	七二七 渤海使、はじめて来日（出羽着）
平安	**九世紀後半**	新羅の賊が対馬・肥前・肥後などを襲う　八三八 事実上最後の遣唐使の派遣　九四 遣唐使の廃止
		九〇七 唐滅亡　二六 遼（契丹）、渤海を滅ぼす
	十世紀	三五 高麗、新羅を滅ぼし朝鮮半島を統一　七九 宋、中国を統一
	十一世紀	一〇一九 刀伊（女真人）の入貢
	十二世紀	一一二五 金（女真）、遼を滅ぼす　十二世紀末頃 鎌倉幕府成立
鎌倉	**十三世紀後半**	このころから倭寇の活動が活発化　一二〇六 チンギス＝ハン即位、モンゴル統一
	一二六三	高麗、日本人の沿岸侵略禁止を要請　五九 高麗、モンゴルに服属　六〇 フビライ即位
	一二六八	高麗使節、フビライの国書を持って来日
	一二七一	三別抄の蜂起（～七三）。「高麗牒状不審条々」　七一 モンゴル、国号を元とする
	一二七四	**文永の役**（風雨により元・高麗軍撤退）　七五～七六 異国警固番役・石築地役始まる
	一二八一	**弘安の役**（大風雨により元・高麗軍撤退）　九三『蒙古襲来絵巻』成る　九七 永仁の徳政令
		貨幣経済浸透（宋銭）・元寇による疲弊・防衛継続のため、御家人・幕府の窮乏化・弱体化進む
	一三一〇	高麗仏画「楊柳観音像」完成。鎌倉末まで元への防衛継続
	十四世紀後半	倭寇、高麗の沿岸をたびたび侵す（**前期倭寇**）　一三三三 鎌倉幕府滅亡　三八 室町幕府

朝鮮半島	
百済・高句麗・新羅 → 新羅・渤海 → 高麗	

中国	
隋 → 唐（五胡十六国）→ 宋・遼 → 南宋・金 → 蒙古 → 元	

時代	年	日朝関係	その他
南北朝	**一三六七〜**	高麗、倭寇禁圧をたびたび要求	六八 朱元璋、明を建国
	一三九二	朝鮮国への返書で、禁寇を誓う	九二 李成桂、朝鮮国を建国。日本の南北朝合一
室町	**一四〇一**	足利義満、朝鮮国へ遣使	一四〇一 足利義満、明へ肥富・祖阿を遣使（冊封体制にはいる）
	一四一九	応永の外寇（朝鮮国軍、対馬に来寇）	〇四 勘合貿易始まる　一一 勘合貿易中断
	一四二三	将軍足利義持、朝鮮国に大蔵経を求める	
	一四二九	朝鮮国の通信使初来日（十五世紀に六回計画され三回成功）	二九 尚巴志、琉球王国建国
	一四四三	癸亥約条（嘉吉条約／宗貞盛、朝鮮国と交易の約）	三二 勘合貿易再開
	一四五三	朝鮮国王、大内氏に通信符を贈る	
	一四七四	朝鮮国王、日本国王足利義政（将軍）に通信符を贈る	六七〜七七 応仁・文明の乱
	一四九一	朝鮮国王、足利義稙に仏典を贈る	
戦国	**十五世紀後半〜十六世紀**	**後期倭寇**（一五五〇年代に最も活発化）	
	一五一〇	**三浦の乱**（富山浦・乃而浦・塩浦の日本人の蜂起）	一五二三 寧波の乱（細川・大内の遣明船の争い）　四三 鉄砲伝来　四九 キリスト教伝来。最後の遣明船（大内義隆）　七三 室町幕府滅亡　八二 本能寺の変・山崎の戦い　八二〜九八 太閤検地
安土桃山	**一五八七**	豊臣秀吉、朝鮮国王来日を要求	八五 秀吉関白任官　八六 秀吉太政大臣就任
	一五八八	秀吉、**海賊取締令**を発令	八七 バテレン追放令　八八 刀狩令
	一五九〇	朝鮮国、通信使（正使黄允吉）派遣	九〇 秀吉全国統一
	一五九一	秀吉、朝鮮侵略命令。**名護屋城築城命令**	九一 人掃令
	一五九二〜	**文禄の役（壬辰倭乱／〜九六）** 名護屋城では桃山文化が花開く（能と茶の湯）	
	一五九三	明の勅使、名護屋へ来る	
	一五九六	明の冊封使・朝鮮国の通信使（黄慎）来日	九六 サンフェリペ号事件・二十六聖人殉教
	一五九七〜	**慶長の役（丁酉再乱／〜九八）**	
	一五九八	秀吉没	

朝鮮

明

時代	年	事項	関連事項
安土桃山	**一五九九**	**日本軍の朝鮮半島からの撤兵ほぼ完了** 日本軍、文禄・慶長の役で多数の捕虜を日本に連行 対馬島主宗義智、日朝講話交渉開始	一六〇〇 関ヶ原の戦い
江戸	**一六〇七**	**朝鮮国、回答兼刷還使（呂祐吉／四六七名）派遣（江戸幕府への第一次派遣）**	一六〇三 江戸幕府成立
	一六〇九	己酉約条	
	一六一七	朝鮮国、回答兼刷還使派遣（第二次）	
	一六二四	朝鮮国、回答兼刷還使派遣（第三次）	
	一六三一〜	柳川一件（〜三五／対馬藩主宗義成と重臣柳川調興の争論）	
	一六三六	朝鮮国、通信使派遣（第四次）「馬上才」初参加	三九 ポルトガル船来航禁止
	一六四三	朝鮮国、通信使派遣（第五次）	
	一六五五	朝鮮国、通信使派遣（第六次）	
	一六七八	草梁倭館（釜山）開く（〜一八七三）	
	一六八二	朝鮮国、通信使派遣（第七次）	
	一七一一	朝鮮国、通信使派遣（第八次）。新井白石、通信使接迎に関する改革を行う	
	一七一九	朝鮮国、通信使派遣（第九次）。徳川吉宗、通信使接迎を旧に復する	
	一七四八	朝鮮国、通信使派遣（第一〇次）	
	一七六四	朝鮮国、通信使派遣（第一一次）	一七九二 露使節ラクスマン根室来航
	一八一一	**朝鮮国、通信使を対馬まで派遣（易地聘礼／第一二次）。事実上最後の通信使となる**	一八〇四 露使節レザノフ長崎来航 〇八 英艦フェートン号事件 四〇〜四二 アヘン戦争 五三 米ペリー浦賀来航・プゥチャーチン長崎来航 五四 日米和親条約 五八 日米修好通商条約 五九 神奈川・長崎・箱館開港 六七 大政奉還・王政復古の大号令
明治	**一八七三**	草梁倭館を「大日本公館」とし、外務省管轄下にいれる	六八〜六九 戊辰戦争 七一〜七三 岩倉使節団

朝鮮	
明	清

明治	一八七五	**江華島事件**　七三　明治六年政変
	一八七六	日朝修好条規
	一八八二	壬午軍乱
	一八八四	甲申事変
	一八九四	甲午農民戦争。**日清戦争**　九五　台湾を植民地とする　九七　朝鮮国「大韓帝国」と改称
	一九〇四	**日露戦争**
	一九〇九	伊藤博文、満州のハルビン駅頭で暗殺される
	一九一〇	**韓国併合条約**。朝鮮半島は以後**約三十五年間日本の植民地**となる
大正	一九一九	三・一独立運動　一九一四～一八　第一次世界大戦　一八～二二　シベリア出兵
	一九二三	関東大震災（流言のため在日朝鮮人など多数虐殺される）
昭和	一九四一～	**太平洋戦争（～四五）**　三一～四五　十五年戦争　三九～四五　第二次世界大戦
	一九四五	日本無条件降伏。**朝鮮半島は植民地支配から解放**　四八　大韓民国（韓国）・朝鮮民主主義人民共和国（北朝鮮）成立　四九　中華人民共和国成立
	一九五〇～	**朝鮮戦争（～五三）**。日本は特需景気で戦後復興に成功
	一九六五	日韓基本条約
	一九九三	佐賀県立名護屋城博物館開館
	一九九五	村山富市首相、戦後五十年にあたりアジア諸国の人々への謝罪表明　阪神淡路大震災
平成	二〇〇二	FIFAワールドカップ日韓共催
	二〇一一	東日本大震災
	二〇一六	熊本地震
	二〇一八	名護屋城博物館開館二十五周年

朝鮮半島	中国
朝鮮	清
大韓帝国	清
（日本領）	中華民国
韓国／北朝鮮	中華人民共和国

（出典：佐賀県立名護屋城博物館 館内展示「『日本列島と朝鮮半島との交流史』略年表」）

全円子著『大和塾をさがす旅』出版に寄せて

石田米子

本書は、日本と朝鮮・韓国の関わりの歴史の中で、見過ごされ、埋もれ、あるいは一面的にしか伝えられてこなかった人たちの、互いの人と文化を大切にする高い志とその生き方に出会っていく「旅」の本である。私たちがこれまで気づかなかった視点、通りすぎてきたことにはたと立ち止まりながら読み進むと、いつしか著者の探求の「旅」のみちづれとなっている。そして、この「旅」を経て、日本社会で在日韓国人・全円子（チョン・ウォンジャ）として生きる自分自身にしっかりと向き合った著者に、私たちは真正面から出会うことになる。著者が日本社会の中で経験してきたことそれゆえに獲得しえた視点、身近に関心を持った日韓関係の歴史に関わることにはすぐさま現地に行って必ず自分で確かめるという調査態度、従来の教科書や出版物であまり重視されなかった問題に注目し文献史料を読み込む研究心、叙述に表れるまっすぐな溢れるパワー。それらが凝縮している本書から、自らのものの見方や知識のありように問題を投げかけられない読者はいないだろう。

「大和塾をさがす旅」がタイトルとして本書全体に冠せられた意味は、本書の「はじめに」に書かれている。日本統治下の朝鮮で、朝鮮人独立運動家・共産主義者・民主主義者を収容し思想転向させるための機関大和塾に、日本人僧侶として関わったことを深く後悔し、戦後岡山で引き取り手のない朝鮮人の遺骨を引き取って供養し、祖国に返還することを続けていた大隅実山氏との出会いが、著者の生き方と仕事の大きな転機となった。朝鮮植民地支配の時代に自らが為したことの意味を悟り、苦しみと深い悔恨を背負いながら生きた日本人に、その事実を調査してほしいと依頼され、その心と共に著者は誠実にその願いを引き受けた。資料の乏しい大和塾の調査を大隅氏に託されたことをきっかけに、著者は自らの為すべきこと、自分にしかできないことを自覚したのだと思う。自らがないがしろにはできない問題を持って現地調査を行えば、必ず発見があり、そこでできる人のつながりから視界が広がり、研究すればするだけ日韓の間で埋もれてきた歴史的事実が姿を見せてくれる。著者の体験した感動と探求の面白さは、読む者にも伝わってくる。

これは大和塾と大隅実山を主題とした章のみならず、本書の各章に叙述されたそれぞれの調査・研究にも通じている。これら各章の個別の研究には、大隅氏との出会いと「大和塾」の調査・研究より先行あるいは並行して始められたものもあるかと推測する。しかし、「大和塾をさがす」過程で深化し、豊かになった問題意識・方法と内容で本書は構成されているのである。本書全体のタイトルが『大和塾をさがす旅』でなければならないというのは、著者の当初からの一貫した考えであった。それは、終章に近い一つの重要な章で全体を代表させるという構成上の考えから導き出されたのではなく、本書の全体を成り立たせてきた著者の探求の歩みを凝縮して表現するのが、このタイトルだったからであろう。

本書はその副題の通り、日本と朝鮮・韓国の歴史のなかで忘れられ、埋もれてきた人たちのことを掘り起こし、古代から現代・現在へと時系列で組み立てる構成になっている。しかし、これは日韓関係史や日韓文化交流史の通史ではないし、その叙述を意図したものではない。各章はそれぞれまとまった著者の調査と研究にもとづき独立しているが、それらを束ねた論文集でもない。本書出版の著者の期待は、本書が大学での自らの講義のためのテキストになり、さらに一般書として広く読者に読まれることにあると思う。わかりやすい文章と多くの著者撮影の写真や図版は、そうした目的にもよく適っている。同時に、オリジナルな調査と考察、専門研究者の仕事を踏まえた記述は、本書の専門性の高さを示しており、だからこその説得力、問題提起の力がある。

各章で時代の背景をかなり丁寧に叙述しているのは、人の思想や生き方は歴史の背景の中で客観的にとらえてこそ意味が理解できるからである。とりわけ日本社会では、残念ながら高校までの歴史教育でもメディアにおいても、最も近い隣国の歴史、日本との関係の歴史がないがしろにされ、植民地支配の時代の歴史認識が自覚的に克服されておらず、私たちは研究の現状をも反映していない一面的なわずかな知識しか持っていない。平易で丁寧な時代背景の叙述は、著者がこういう現状を踏まえているからであろう。

さらに考えれば、本書が掘り起こしたような、日本と朝鮮・韓国の間で互いの文化と人々の生活に深い理解と共感を抱き、行動し、生きた人びとのことについて、私たちはどれほど具体的なことを知っているだろうか。本書の各章は、章のタイトルに中心的に取り上げる人物の名まえを挙げている。その人の志と生き方を中心に、その人に連なる人びとのことを探求し叙述している。それぞれの時代の背景の中で、相互の文化交流を大切にし、相手の文化とその担い手を心から愛して生きた人たちの足跡である。日本による植民地支配の過酷な時代にも、その心と志を持ち続けて生きた人びとのこと、その主観的な志にもかかわらず、時代の中で意図せざる役割を果たすことになった人のことも掘り起こす。そのような日韓双方の人びとの足跡から、知らなかったことのいかに多いかを知り、これまでの歴史の見え方も変わってくるのである。筆者も本書で初めて知ったこと、より具体的に明確に理解したことは非常に多く、貴重な勉強をした実感が強く残った。

著者はもともと日本文学を専攻し、岡山の高校で国語（日本語）の教員をつとめ、半井桃水の研究で文学修士を取り、岡山商科大学の今の職にある。本書の原稿を最初に読んだとき、筆者は著者の日本文学好きを改めて感じた。在日韓国人である著者は、日本近代文学、その担い手たちの中に、朝鮮との心のつながりを丁寧に拾い出そうとしている。半井桃水と樋口一葉を取り上げた章は特に心に残る。

筆者が初めて著者を知ったのは、韓国の人びととの交流や、日韓の歴史の中に埋もれてきた人の足跡を掘り起こすという活動を、高校の社会部顧問として生徒と共に精力的にやっている頃だった。筆者は、日本の高校の韓国籍教員という、当時は全国でも数えるほどしかいなかった著者に関心を持ち、会いに行ったのだが、歴史を自分の脚で調べ、確かめ、人に出会い、考えるという手法を、生徒たちに身をもって教え、共に学んでいる先生の存在に驚いた。著者の心のアンテナにかかった大事な事柄はすぐに現場に行って確かめ、人に出会い、そこから探求を始めるというスタイルは、その頃からのものであり、大隅実山氏との出会いもその延長上にあったと思われる。安重根の遺墨を三代にわたって大切に保存してきた岡山県笠岡市の浄心寺を訪ね、ソウルの安義士記念館にも行き、日韓をしっかりつないだことを扱っている章や、大隅実山氏に託された大和塾をさがす旅の章は、著者のこの出会いと探求の方法が掘り起こし、新たに築いていく関係の広がりとその意義を最もよく教えてくれる。著者自身が体験した、著者にしか書けない、とりわけ心打つ内容の章である。

すべての章で、日韓の心と文化の交流を求めて歴史に埋もれた人々を掘り起こしてきた著者が、最後の章で掘り起こしているのは著者自身である。「在日を生きる」というこの終章には、父のルーツのある韓国・済州島を訪ね、ゆかりの人々に出会い、「ありのままの自分を受け入れ、本名と向き合えるようになった」という著者＝チョン・ウォンジャがいる。ここに来るまで、どれほどの道のりを要したのか。この終章に書かれている著者自身の体験と、そして本書の内容となるすべての探求が、その長い道のりを表していることをここに至って知る。このようにしかなり得なかった本書の構成なのである。

まさに「渾身の作」。投げかけられた問題には、自らに向き合うことを抜きにしては応えることができない。

朝鮮・韓国の歴史の専門家でもない筆者が、なぜこのような「感想文」をつけたしで寄せることになったのか。それは本書の出版をおそらく誰よりも喜んでいるからだろう。そしてこれが完結ではなく、本書出版で見えてきた新たな課題の探求の始まりとなることを心から期待するからである。

（岡山大学名誉教授／専門・中国近現代史）

【著者略歴】

全　円子（チョン・ウォンジャ）

1965年岡山県生まれ。現在、岡山商科大学教授。

1988年神戸松蔭女子学院大学文学部国文学科卒業後から2003年3月まで明誠学院高等学校教諭。ノートルダム清心女子大学文学研究科日本語日本文学専攻博士前期課程修了。

訳書に崔季煥・崔延伊・張敬根『人が動く』（西日本法規出版、2004）、主著には「半井桃水の政治小説の意義」（韓日軍事文化學會、2010）『大学と地域』（ナカニシヤ出版、2020［共著］）などがある。

友好交流を求めて
大和塾を探す旅
～歴史に埋もれた人々の足跡をたどる
〈改訂版〉

2022年3月26日　初版発行
2025年3月10日　改訂版発行

著　者　　全 円子

発　行　ふくろう出版
〒700-0035　岡山市北区高柳西町 1-23
友野印刷ビル
TEL：086-255-2181
FAX：086-255-6324
http://www.296.jp
e-mail：info@296.jp
振替　01310-8-95147

印刷・製本　友野印刷株式会社
ISBN978-4-86186-929-7 C3021